D1729782

Chekdar Bavli

# Die Macht der Rating-Agenturen und ihre Rolle in der Finanzkrise 2008

## Historische Entwicklungsfaktoren des Ratings und ein Überblick über die Regulierungsmaßnahmen

Diplomica® Verlag GmbH

Bavli, Chekdar: Die Macht der Rating-Agenturen und ihre Rolle in der Finanzkrise 2008: Historische Entwicklungsfaktoren des Ratings und ein Überblick über die Regulierungsmaßnahmen. Hamburg, Diplomica Verlag GmbH 2012

ISBN: 978-3-8428-7266-0
Druck: Diplomica® Verlag GmbH, Hamburg, 2012

**Bibliografische Information der Deutschen Nationalbibliothek:**
Die Deutsche Nationalbibliothek verzeichnet diese Publikation in der Deutschen Nationalbibliografie; detaillierte bibliografische Daten sind im Internet über http://dnb.d-nb.de abrufbar.

Die digitale Ausgabe (eBook-Ausgabe) dieses Titels trägt die ISBN 978-3-8428-2266-5 und kann über den Handel oder den Verlag bezogen werden.

# Inhaltsverzeichnis

# Abbildungsverzeichnis

# Tabellenverzeichnis

# Abkürzungsverzeichnis

| | |
|---|---|
| ABI | Amtsblatt der Europäischen Union, Reihe C |
| ABS | Asset Backed Securities |
| Abs. | Absatz |
| AG | Aktiengesellschaft |
| Art. | Artikel |
| BaFin | Bundesanstalt für Finanzdienstleistungsaufsicht |
| BaZ | Baseler Zeitung |
| BB | Der Betriebsberater |
| BFuP | Betriebswirtschaftliche Forschung und Praxis |
| BIZ | Bank für Internationalen Zahlungsausgleich |
| bspw. | beispielsweise |
| bzw. | beziehungsweise |
| CBO | Collateralised Bond Obligation |
| CDO | Collateralised Debt Obligations |
| CEBS | The Committee of European Banking Supervisor |
| CESR | The Committe of European Securities Regulators |
| CLO | Collateralised Loan Obligation |
| CMBS | Commercial Mortgage-Backed Securities |
| CRA | Credit Rating Agency |
| CRARA | Credit Rating Agency Reform Act |
| d.h. | das heißt |
| DBRS | Dominion Bond Rating Service |
| DBW | Die Betriebswirtschaft |
| Dr. | Doktor |
| EBLR | European Business Law Review |
| ECAI | External Credit Assessment Institution |

| | |
|---|---|
| EG | Europäische Gemeinschaft |
| engl. | englisch |
| ESMA | European Securities & Market Authority |
| EU | Europäische Union |
| EWG | Europäische Wirtschaftsgemeinschaft |
| f. | und folgende |
| FAQ | Frequently Asked Questions (Häufig gestellte Fragen) |
| FAZ | Frankfurter Allgemeine Zeitung |
| ff. | und fortfolgende |
| FH | Fachhochschule Köln |
| Fitch | Fitch Ratings |
| FRG | Fronteer Gold |
| G20 | Gruppe der 20 größten Industrienationen |
| G7 | Gruppe 7 der führenden Industrienationen |
| GFSR | Global Financial Stability Report |
| ggf. | gegebenenfalls |
| HNA | Hessische/Niedersächsische Allgemeine Zeitung |
| Hrsg. | Herausgeber |
| HVB | HypoVereinsbank |
| i.d.R. | in der Regel |
| i.e.S. | im engeren Sinne |
| i.w.S. | im weiteren Sinne |
| IMF | International Monetary Fund |
| IOSCO | The International Organisation of Securities Commissions |
| IRB-Ansatz | internal rating based-Ansatz |
| Jg. | Jahrgang |
| KWG | Kreditwesengesetz |
| lit. | litera (Buchstabe) |
| LTCM | Long Term Capital Management |
| m.w.N. | mit weiteren Nachweisen |

| | |
|---|---|
| MBS | Mortgage Backed Securities |
| NAIC | National Association of Insurance Commissioners |
| NJW | Neue Juristische Wochenschrift |
| Nr. | Nummer |
| NRSRO | Nationally Recognized Statistical Rating Organization |
| o.V. | ohne Verfasser |
| OCC | Office of the Comptroller of the Currency |
| R&I, Inc. | Rating and Investment Information, Inc. |
| Rating-VO | Rating Verordnung |
| REGEM | Research Group on Equity Market Regulation Forschungsgruppe Aktienmarktregulierung |
| RL | Richtlinie |
| RMBS | Residential Mortgage-Backed Securities |
| Rz. | Randzahl |
| S&P | Standard & Poor's |
| S. | Seite |
| SEC | Securities and Exchange Commission |
| sog. | sogenannte |
| SolvV | Solvabilitätsverordnung |
| SPV | Special Purpose Vehicle |
| SZW/RSDA | Schweizerische Zeitschrift für Wirtschafts- und Finanzmarktrecht |
| US | United States |
| USA | United States of America |
| USD | US-Dollar |
| Vgl. | Vergleich |
| Vol. | Volume (Band) |
| VW | Versicherungswirtschaft |
| WM | Zeitschrift für Wirtschafts- und Bankrecht |
| z.B. | zum Beispiel |
| z.T. | zum Teil |

| | |
|---|---|
| zfbf | Schmalenbachs Zeitschrift für betriebswirtschaftliche Forschung |
| ZFGK | Zeitschrift für das gesamte Kreditwesen |
| ZGR | Zeitschrift für Unternehmens- und Gesellschaftsrecht |
| ZHR | Zeitschrift für das gesamte Handelsrecht und Wirtschaftsrecht |
| ZIP | Zeitschrift für Wirtschaftsrecht |
| ZKA | Zentraler Kreditausschuss |
| ZKW | Zeitschrift für das gesamte Kreditwesen |

# 1    Einleitung

Nach den spektakulären Insolvenzen von Enron, Worldcom und Parmalat Anfang der 2000er Jahre hat die jüngste Finanzkrise, die ihren Ausgang am US-Hypothekenmarkt nahm und das globale Finanzsystem zu Schwanken brachte, erneut große Zweifel an der Rolle und die Glaubwürdigkeit von Rating-Agenturen auf den internationalen Kapitalmärkten geweckt. Im Zuge der stets fortschreitenden Globalisierung eröffnete sich den international agierenden Unternehmen, Kreditinstitute sowie Staaten eine Vielzahl von Finanzierungsalternativen auf den Finanzmärkten. Die Globalisierungsphase ist gekennzeichnet durch Liberalisierung, Deregulierungsmaßnahmen der nationalen Geld-, Kredit- und Kapitalmärkte, Privatisierung der Weltwirtschaft im Sinne von Vermehrung des Eigentums, sowie eine zunehmende Verbriefung (securitization) von Kredittransaktionen in handelbare Wertpapiere, bis hin zu Disintermediation von Kapitalnehmer und Kapitalgeber. Die Verbriefungstechniken ermöglichen unter Kosten-, Risiko und Flexibilitätsgesichtspunkten den Schuldnern neben der klassischen Finanzierung über Bankkredite erhebliche Vorteile. Jedoch bedeuten die alternativen Anlageformen für den Investor nicht nur Vorteile, sondern auch Eigenverantwortung im Hinblick auf die Bonitätsanalyse des einzelnen Emittenten zu übernehmen, welche für ihn eine fast unlösbare Aufgabe darstellt. Denn mit zunehmendem Angebot gestaltet sich auch die Auswahl schwieriger, da eine ansteigende Anzahl von Emittenten und Emissionen den Kapitalmarkt zusehends unüberschaubarer macht. Hierbei spielen Rating-Agenturen, die zu den einflussreichsten Akteuren der Finanzmärkte zählen, eine „Schlüsselrolle", indem sie mittels einfacher Ratingsymbole (AAA oder Aaa) helfen, Schuldtitel unterschiedlicher Herkunft und Struktur mit Blick auf Ausfallrisiken vergleichbar zu machen. Infolgedessen erhöhen sie die Markttransparenz, unterstützen die Marktakteure mit den Ratings, Fehlentscheidung zu vermeiden und tragen somit zum Abbau der am Markt herrschenden Informationsasymmetrien zwischen den Marktakteuren bei. Insofern wirken qualitativ hochwertige, objektive und insbesondere unabhängige Bonitätsurteile der Agenturen auf das Vertrauen der Marktteilnehmer ein, welches die Voraussetzung für die Funktionsfähigkeit dieses Marktsegments darstellt. Doch diesen Anspruch wurden die Rating-Agenturen nicht gerecht. Auch wenn sie nicht die alleinige Verantwortung tragen, haben sie mit ihren krassen Fehleinschätzungen, begleitet von latenten Interessenkonflikten, zur Entwicklung der Finanzkrise beigetragen. Die Fehlleistungen der marktbeherrschenden US-amerikanischen Rating-Agenturen lösten nicht nur eine politische Debatte über strengere Regulierung aus, es wächst auch der Unmut über die Marktmacht der Agenturen , die sie auf Grund ihres Einflusses auf die globalen Kapitalströme und die Einbeziehung von Ratings zu Regulierungszwecken besitzen.[1]

Ziel der vorliegen Untersuchung ist es die Rolle der Rating-Agenturen in der jüngsten Finanzkrise, die Entwicklungsfaktoren von Ratings, die Funktion der Agenturen als Finanzintermediäre auf den Kapitalmärkten sowie die Anstrengungen über weiteren Regulierungsmaßnahmen einer kritischen Betrachtung zu unterziehen.

In Kapitel 2 werden zunächst theoretische Grundlagen bestimmt und der Aussagewert sowie der ökonomisch-regulatorische Nutzen von Ratings analysiert. Anschließend erfolgen eine Darstellung der historischen Entwicklungsfaktoren des Ratings und der Rating-Agenturen sowie ein kurzer Überblick über den Verlauf des externen Ratingprozesses. In Kapitel 3 werden die Funktionen des Ratings bei der Strukturierung von Finanzinstrumenten untersucht und die fehlerhafte Rolle der Agenturen in der Subprime-Krise aufgezeigt. Basierend auf das vorgegangene Kapitel widmet sich Kapitel 4 den vorhandenen Problemfeldern in der Ratingpraxis, wobei mögliche Ursachen erörtert und Optimierungsmöglichkeiten aufgezeigt werden. In Kapitel 5 setzt sich der Verfasser kritisch mit dem bestehenden Regulierungsrahmen für die Rating-Agenturen auseinander und gibt einen Überblick der eingeleiteten Regulierungsmaßnahmen in den USA, international und auf der europäischen Ebene und deren Notwendigkeit wieder. Im Anschluss werden in Kapitel 6 die wichtigsten Ergebnisse zusammengefasst. Am Ende des sechsten Kapitels wird die Arbeit mit einem kurzen Ausblick über die Entwicklung des Ratingsegments abgeschlossen.

---

[1] Vgl. Rosenbaum (2009): Der politische Einfluss von Rating-Agenturen, S. 5

# 2    Grundlagen und Entwicklung des Rating-Markts

In diesem Kapitel soll der Begriff „Rating" definiert und interne von externen Ratings abgegrenzt werden, um die theoretischen Grundlagen zu schaffen und anschließend die Rating-Agenturen und deren historische Entwicklung einer Betrachtung zu unterziehen. Alle Rating-Agenturen hier aufzuführen, würde den Rahmen dieser Arbeit sprengen. Daher werden lapidar nur die Entwicklungsfaktoren der „drei Großen" Rating-Agenturen Moody's, Standard & Poor's und Fitch sowie der ökonomisch-regulatorische Nutzen von Ratings für globale Finanzmärkte beschrieben, wobei an dieser Stelle angemerkt sei, dass die grundsätzlichen Prozessbausteine sich bei allen drei Agenturen in ähnlicher Form wiederfinden.

## 2.1    Die Ratings

### 2.1.1    Definition, Arten und Risikoaussage von Ratings

Der Begriff „Rating" vermag heutzutage negative Assoziationen auslösen: Die Pleiten der börsennotierten Unternehmen Enron[2], Lehman Brothers[3] und Worldcom[4] in den Vereinigten Staaten, des Parmalat Konzerns in Italien[5] sowie die Aufsehen erregenden Herabstufungen der Thyssen-Krupp AG und Postbank AG aufgrund ihrer Pensionsverpflichtungen sind streng mit dem Begriff Rating und Rating-Agenturen verknüpft.[6]

Rating ist die sog. „continous"-Form des englischen Wortes „to rate". Wörtlich übersetzt bedeutet dieser Infinitiv „einschätzen", „bewerten" bzw. „einstufen". Im Finanzwesen bezeichnet der Begriff „Rating" (auch: *„credit rating", „bond rating")* einerseits die angewendete Methode der Finanzanalyse, die Folge von notwendigen Schritten des Urteils und den Prozess der Beurteilung. Andererseits bezieht sich der Terminus „Rating" auf das Urteil dieses Prozesses, das durch bestimmte Symbole oder eine semanti-

---

[2] Vgl. Von Frentz (2003): Chronik einer Rekord-Pleite, http://www.manager-magazin.de/unternehmen/artikel/0,2828,178836,00.html (04.01.2011).

[3] Siehe dazu o.V., Handelsblatt Online (2008): Lehman Brothers muss Konkurs beantragen, http://www.handelsblatt.com/unternehmen/banken-versicherungen/lehman-brothers-muss-konkurs-beantragen;2040059 (04.01.2011).

[4] Siehe dazu Pitzke (01/2005): Worldcom-Skandal - Milliarden-Pleitiers vor Gericht, http://www.manager-magazin.de/finanzen/artikel/0,2828,337266,00.html (25.02.2011).

[5] Vgl. Doerfler (2008): Der Jahrhundertprozess soll endlich beginnen, http://sc.tagesanzeiger.ch/dyn/news/wirtschaft/851270.html (04.01.2011).

[6] Vgl. Däubler: Wer kontrolliert die Ratingagenturen?, in: NJW 2003, S 1096 ff.

sche Verkettung von Buchstaben-/Zahlenschlüssel auf einer ordinalen Skala ausgedrückt wird.[7]

Handelt es sich um Forderungstitel, so stellt das *credit rating* eine Meinung darauf spezialisierter Institutionen (Rating-Agenturen) hinsichtlich der wirtschaftlichen Fähigkeit und rechtlichen Bindung eines Emittenten dar, die ihm durch die Herausgabe verzinslicher Wertpapiere entstandene Zahlungsverpflichtungen rechtzeitig und in vollem Umfang zu erfüllen.[8]

Die Rating-Agentur S&P definiert die Bonitätsbewertung wie folgt: „*Credit ratings are forward-looking opinions about credit risk. Credit ratings express the agency's opinion about the ability and willingness of an issuer, such as a corporation or state or city government, to meet its financial obligations in full and on time.*"[9]

Rating-Agenturen betonen ausdrücklich, dass es sich hierbei um „Meinungen" zur Kreditwürdigkeit einer Gesellschaft oder einer Emission handelt, nicht um Kauf- oder Verkaufsempfehlungen.[10] Je nach Gegenstand der Bonitätsbeurteilung sind Ratings zu unterteilen in Emissionsratings („credit rating to specific issues" oder „issue ratings"), welche sich auf einzelne Finanztitel beziehen, und Emittentenratings („corporate credit rating" oder „issuer rating"). Die beurteilten Finanztitel sind Anleihen (auch als Obligationen, festverzinsliche Wertpapiere oder Bonds bezeichnet) mit festgelegter Laufzeit von Zins und Tilgung einer bestimmten Schuldverschreibung.[11]

Das Rating des Emittenten dagegen löst sich von den Besonderheiten der von ihm ausgegebenen Wertpapiere und repräsentiert ein allgemeines Urteil über die Fähigkeit eines Emittenten, die mit den von ihm ausgegebenen Finanztiteln verbundenen Zahlungsverpflichtungen rechtzeitig und in vollem Umfang zu erfüllen.[12] Als Emittent ist ein Herausgeber von Wertpapieren zu verstehen. Bei Aktien handelt es sich dabei um Unternehmen; bei Anleihen kann es sich sowohl um Unternehmen, Banken oder Versiche-

---

[7] Vgl. Everling (2007): Rating, in: Knapps Enzyklopädisches Lexikon des Geld-, Bank- und Vermögenswesens, S. 23

[8] Vgl. Peters (2001): Die Haftung und Regulierung von Rating-Agenturen, S. 69.

[9] S&P: Credit Ratings Definitions & FAQs, http://www.standardandpoors.com/ratings/definitions-and-faqs/en/us (18.01.2011).

[10] Vgl. Bocquel (2009), Rating nur als Meinungen und nicht als Empfehlung werten, http://www.versicherungsmagazin.de/Aktuell/Nachrichten/195/12632/Rating-nur-als-Meinungen-und-nicht-als-Empfehlung-werten.html (15.01.2011).

[11] Vgl. Berblinger: Marktakzeptanz des Rating durch Qualität, in: Büschgen/Everling (Hrsg) 1996, Handbuch Rating, S. 34 f.; Deipenbrock: Externes Rating – „Heilversprechen für internationale Finanzmärkte"?, BB 2003, S. 1849, 1850 m.w.N.

[12] Vgl. Everling (1991): Credit Rating durch internationale Agenturen, S. 31

rungen als auch um Staaten und andere Gebietskörperschaften wie Bundesländer, Städte und Gemeinden handeln.[13]

Im Bereich des Emissions-Ratings unterteilt man in kurzfristige (*Short-term-*) und langfristige (*Long-term-*) Ratings. Kurzfristige Ratings beziehen sich meist auf Wertpapiere mit einer Laufzeit von weniger als einem Jahr. Als langfristiges Rating werden für Wertpapiere mit einer Laufzeit von mehr als einem Jahr bezeichnet.

Weiterhin können Ratings nach der Art des bewerteten Schuldners, wie z.B. Unternehmen, Branchen, Länder oder der beurteilten Verbindlichkeiten (z.B. kurz- oder langfristige Schuldverschreibungen, strukturierte Finanzierungen), in verschiedene Kategorien eingeteilt werden.[14]

Ferner wird zwischen internem und externem Rating differenziert. Interne Ratings werden – im Finanz- und Bankwesen – von Banken nach Basel II zur Einschätzung ihrer Kreditnehmer, insbesondere vor einer Kreditvergabeentscheidung, bankintern erstellten und verwendeten Ratings unterschieden. Es handelt sich beim internen Rating um Bonitätsprüfung des kreditsuchenden Kunden, durchgeführt von den Banken vor der Kreditvergabe, um eine risikogerechtere Eigenkapitalunterlegung von Krediten zu ermöglichen.[15] Die Anfertigung eines externen Ratings erfolgt demgegenüber regelmäßig auf Veranlassung des Unternehmens oder Investors durch eine unabhängige Ratingagentur, die das von ihr zu beurteilende Bonitätsrisiko nicht selbst zu tragen hat.[16] In der Regel unterscheiden sich interne von externen Ratings auch in ihrer Intention. Während interne Ratings im Rahmen der Vergabe von Bankenkrediten zur Anwendung gelangen, beabsichtigt ein Unternehmen mit dem Auftrag einer externen Rating-Agentur zumeist den Zugang zum Geld- und Kapitalmarkt.[17] Der Fokus dieser Arbeit liegt jedoch auf dem externen Rating durch international agierende Agenturen wie Moody's, S&P und Fitch.

Nachfolgend soll nun die Bedeutung von Ratings erläutert werden, die sich nicht nur auf deren ökonomischen Nutzen beschränken, sondern sich daneben auch auf die immer stärkere Einbeziehung in Regulierungsvorschriften definiert.

---

[13] Vgl. FAZ Börsenlexikon (2011), Stichwort: Emittent, http://boersenlexikon.faz.net/emittent.htm (16.01.2011).

[14] Vgl. Reichling/Bietke/Henne (2003): Praxishandbuch Risikomanagement und Rating, S. 45

[15] Vgl. Rögner: Ausgewählte Rechtsfragen zur Regulierung von Ratingagenturen, in: Rechtsfragen im Rating 2005, S. 152

[16] Vgl. HVB Rating Advisory (2003): S. 7

[17] Vgl. Mühl (2007): Die zivilrechtliche Verantwortlichkeit von Ratingagenturen und Banken für fehlerhafte Ratings, S. 17

## 2.1.2 Bedeutung von Ratings

Mit den Jahren wurden auch die Einsatzmöglichkeiten von Ratings vielseitiger. Mit ihrer Bekanntmachung werden Ratings heute bspw. nicht nur als Bonitätsurteil, sondern auch als Marketinginstrument gegenüber Lieferanten, Mitarbeitern und Kunden einge-setzt.[18] Sie stellen ein Zeichen für eine gute Bonität, eine sichere Kreditwürdigkeit sowie eine Basis zur beständigen Kommunikation mit Investoren dar.[19]

Für die Unternehmensführung ist das Rating aus dem Grund von Interesse, da es An-nahmen für die Stärkung der Konkurrenzposition und die Sicherung der Zukunftsfähig-keit eines Unternehmens liefert.[20] Mithin erlangen die Unternehmen Erkenntnis über ihre eigene leistungs- und finanzwirtschaftliche Lage. Des Weiteren dienen sie zu einer verbesserten Verhandlungsgrundlage für Gespräche mit Stakeholdern und Banken.[21] Ferner werden die Ratings seitens der Investoren für die Vermögensverwaltung zur Ri-sikoidentifikation herangezogen und dienen der Strukturierung der Anleiheportfolios unter Bonitätsgesichtspunkten. Zudem werden sie als globale Finanzsprache verstanden und erleichtern dadurch den internationalen finanzwirtschaftlichen Handel.[22]

Man könnte die Liste der potenziellen Anwendungsbereiche von Ratings noch erwei-tern, dabei sind Ratings ursprünglich ein Mittel zur Reduzierung von Informations-asymmetrien zwischen Kreditnehmer und Kreditgeber.[23]

Diese wesentliche, ökonomische Rolle von Ratings soll im Folgenden verdeutlicht wer-den:

### 2.1.2.1 Ökonomisches Nutzen

Anhand der neo-institutionalistischen Finanzierungstheorie kann die Existenz von Ra-ting-Agenturen und in Folge dessen von Ratings, die von unvollkommenen Märkten ausgeht, erklärt werden.[24] Diese geht davon aus, dass den unterschiedlichen Marktteil-

---

[18] Vgl. Hartmann-Wendels/Lieberoth-Leden/Mählmann/Zunder (2005): Entwicklung eines Ratingsystems für mittelständische Unternehmen und dessen Einsatz in der Praxis, in: Neupel/Rudolph/Hahnenstein (Hrsg), zfbf S.5

[19] Vgl. Wambach/Kirchner (2002): Unternehmensrating: Weit reichende Konsequenzen für mittelständi-sche Unternehmen und Wirtschaftsprüfer, in: BB 2002, S. 403

[20] Vgl. Hartmann-Wendels/Lieberoth-Leden/Mählmann/Zunder (2005): in: zfbf S. 4

[21] Vgl. Wambach/Kirchner (2002), BB 2002, S. 403

[22] Vgl. Everling/Trieu (2007): Ratingagenturen Weltweit, in: Büschgen/Everling (Hrsg), Handbuch Ra-ting, S. 97

[23] Vgl. von Schweinitz (2008): Die Haftung von Ratingagenturen, S. 953

[24] Vgl. Heinke/Steiner (2007): Rating aus Sicht der modernen Finanzierungstheorie, in: Büschgen/Everling (Hrsg), Handbuch Rating, S. 683

nehmern Informationen nicht in gleichem Maß zur Verfügung stehen und nur durch erheblichen Kostenaufwand erlangt werden können.[25] Derartige Informationsasymmetrien können zur Lähmung des Marktmechanismus führen.[26] Diese asymmetrische Informationsverteilung gilt als notwendige Voraussetzung für die Existenzgründung von Rating-Agenturen.[27]

Um die Funktion von Rating-Agenturen im Rahmen der neoinstitutionalistischen Finanztheorie zu verdeutlichen, wird die Principal-Agency-Theorie als zweckmäßig angesehen.[28] Demnach stehen gut informierte Kapitalnehmer (Agenten/agents) gegenüber schlecht informierten Kapitalgebern (Prinzipale),[29] deren Wechselbeziehung von Interessensdivergenzen sowie Unsicherheiten geprägt ist.[30] Hier spielt das Rating eine wichtige Rolle, in dem es dem Prinzipal schwer zugängliche Informationen und Fakten in einem prägnanten, allgemein verständlichen Symbol wiedergibt.[31] Dadurch werden Informationsasymmetrien verringert und Handelsvereinbarungen ermöglicht. Ferner werden Investitionsentscheidungen erleichtert, da die Investoren diverse Anlagemöglichkeiten hinsichtlich ihrer Rendite-Risiko-Relation vergleichen können.[32] Zusammenfassend lässt sich feststellen, dass das Rating die Komplexität der Informationen reduziert und diese für Anleger in eine verständliche Form umwandelt.[33]

Eines der Hauptprobleme von Informationsasymmetrien wird auch in der mangelnden Transparenz und Nachvollziehbarkeit von Informationen gesehen. Jedoch kann dies durch die Zertifizierungsfunktion von Ratings gelöst werden.[34] Dadurch wird es den Unternehmen mit schlechter Bonität quasi unmöglich gemacht, die Signale[35] von Unternehmen mit besserer Qualität nachzuahmen.[36] Aus Investorensicht dienen Ratings zudem zur Reduktion von Informationsbeschaffungskosten, die für jeden einzelnen mit

---

[25] Vgl. Wagner (1991): Rating mittelständischer Unternehmen, S. 63

[26] Vgl. Halfpap (2007): Kapitalmarktaufsicht in Europa und den USA, S. 165

[27] Vgl. Horsch (2008): Rating und Regulierung, S. 25

[28] Vgl. Wieben (2004): Credit Rating und Risikomanagement, S. 19

[29] Vgl. Wagner (1991): Rating, S. 45

[30] Vgl. Heinke/Steiner (2007), in: Büschgen/Everling, S. 684

[31] Vgl. Niedostadek (2006): Rating – Eine Einführung für Rechtsanwälte und Unternehmensjuristen, S. 115.

[32] Vgl. Witte/Hrubesch (2004): Rechtsmöglichkeiten beim Unternehmens-Rating, ZIP (2004), S. 1348

[33] Vgl. Wagner (1991): Rating, S. 19

[34] Vgl. von Randow (1996): Rating und Regulierung, in: Büschgen/Everling (Hrsg), Handbuch Rating, S. 548.

[35] Solch eine Signalgebung über beeinflussbare Qualitätsmerkmale, sollen beim Prinzipal Erwartungen bezüglich der Qualität der Aufgabenerfüllung hervorrufen. Heinke (2000): Der Signal- und Zertifizierungswert von Credit Ratings am Euromarkt, in: DBW, S316

[36] Vgl. Heinke/Steiner (2007), in: Büschgen/Everling, S. 689

Analyse- und Opportunitätskosten verbunden sind.[37] Zum einen trägt das Rating dazu bei, dass der Informationsstand der unterschiedlichsten Marktteilnehmer, ohne nennenswerte Anstrengungen zur Informationsbeschaffung, gesteigert wird, zum anderen verringert es den Informationsvorsprung zwischen Kapitalnehmer und Kapitalgeber.[38] Nur wenn die Aktivität des Rating auf die Rating-Agenturen übertragen wird, hat dies einen Informationswert und in weiterer Folge auch einen Nutzen.[39] Da die Aufgaben zur Informationsbeschaffung -bewertung und –überwachung übernommen werden, bleiben damit verbundene Opportunitätskosten sowohl auf der Seite der Prinzipal als auch des Agenten erspart.

Die Entstehung und Entwicklung von Informationsintermediären wie Rating-Agenturen folgt daraus, weil sie zu einer verbesserten Allokation knapper (finanzieller) Ressourcen unter Ungewissheit beitragen.[40] Die Ungewissheit wird durch Ratings in kalkulierbare Risiken umgewandelt.[41] Der wirtschaftliche Nutzen von Ratings stellt sich wie folgt dar: Die Ratings tragen zu einer effizienten Kapitalallokation bei, da sie die Marktteilnehmer mit aktuellen Informationen über Unternehmen sowie bestimmte Emissionen informieren. Infolgedessen dienen sie letztendlich der Reduktion von Finanzierungskosten durch Transparenz.[42]

## 2.1.2.2    Die Regulierung der Kapitalmärkte

Ausschlaggebender Faktor für die Expansion der Geschäftstätigkeit der Rating-Agenturen und für den beachtlichen Zuwachs ihrer Bedeutung ist die Bezugnahme auf bzw. die Einbeziehung von Ratings in unterschiedlichste Regulierungsbestimmungen.[43]

Die Regulierung durch Ratings stellt für das Rechtsinstitut die Möglichkeit dar, korrigierend in den Kapitalmarkt zu intervenieren, um dessen einwandfreie Funktionalität zu gewährleisten.[44] Demnach können durch Regulierungsbestimmungen Marktzufuhrhand-

---

[37] Vgl. Heinke (2005): Informationswert von Credit Ratings, in: Everling/Schmidt-Bürgel (Hrsg), Kapitalmarktrating, S. 171

[38] Vgl. Heinke/Steiner (2007), in: Büschgen/Everling, S. 688

[39] Vgl. Heinke (2005), in: Everling/Schmidt-Bürgel, S.171

[40] Vgl. Horsch (2008): Rating, S. 119

[41] Vgl. Kerwer (2002): Rating Agencies: Setting a Standard for Global Financial Markets, in: Economic Sociology, European Electronic Newsletter, S.43

[42] Vgl. von Pföstl (2005): Messung und Modellierung der Ausfallwahrscheinlichkeit von Krediten – Unter besonderer Berücksichtigung der Vorschläge der Neuen Baseler Eigenkapitalvereinbarungen und der Vorgehensweise der Ratingagenturen, S. 285

[43] Vgl. Gras (2003): The Power to Rate. Eine Untersuchung zur Rolle der Ratingagenturen auf den internationalen Finanzmärkten, S. 13

[44] Vgl. Halfpap (2007): Kapitalmarktaufsicht, S. 165

lungen, Marktprozesse, Gewinnermittlungen sowie Gewinn bzw. Einkommensverwendungen geregelt werden.[45]

Daraus folgt, dass die einwandfreie Funktionsweise des Marktes einen reibungslosen Marktzugang sowie das Vertrauen der Investoren in Fairness und Integrität sowie Stabilität der Märkte erfordert. Der Anlegerschutz stellt rechtspolitisch ein weiteres Leitmotiv zur Regulierung der Märkte dar, da Anlageentscheidungen stets mit Risiken verbunden sind.[46] Die Aufsichtsbehörden bedienen sich daher der Funktion des Ratings, um solch ein stabiles Finanzsystem zu schaffen, weil dadurch eine markt- und zeitnahe Regulierung des Marktes ermöglicht wird.[47]

Insofern können Ratings für die Finanzwelt eine wichtige Funktion erfüllen, indem sie durch den Verzicht auf komplexe (staatliche) Regulierung eine alternative Regulierung, darstellen.[48] Mit ihren Entscheidungen sowie Bonitätsbeurteilungen können Rating-Agenturen, ähnlich wie staatliche Regulierungsbehörden oder andere Aufsichtsorgane, andere Marktakteure einschränken. Demzufolge liegt nur dann eine rating-basierte Regulierung vor, wenn sich eine hoheitliche Regulierung, ausgedrückt in Marktregeln, an Ratings als Mittel zu einem bestimmten aufsichtrechtlichem Zweck bedient.[49]

Ein klarer Vorteil durch die Bezugnahme von Ratings in Regulierungsbestimmungen liegt in der Entstehung von flexiblen Vorschriften, die sich automatisch an verschiedene Risikogeraden anpassen.[50] Durch eine Vielzahl der Bonitätsstufen lassen Ratings ferner eine flexible und genau abstimmbare Kapitalmarktsteuerung zu.[51] Zudem bieten sich klare Standardisierungsvorteile, sofern man Ratings als internationale Sprache sieht.

Wie zuvor im Abschnitt 2.1.2.1 dargestellt, stellt der rechtliche Aspekt des Nutzen von Ratings für einen Emittenten die Glaubwürdigkeit des Signals an einen potenzielle Investoren dar, der ohne diesen Gesichtspunkt erschöpfen würde.[52] Danach sind Rating-

---

[45] Vgl. Schneider (1997): Betriebswirtschaftslehre III – Theorie der Unternehmung, S. 458

[46] Vgl. Richter (2008): Die Verwendung von Ratings zur Regulierung des Kapitals – Eine vergleichende Untersuchung nach US-amerikanischen und deutschem Recht, S. 20

[47] Vgl. Piwald (2005): Rating-Agenturen – Arbeitsweise, Rechtslage, Entwicklung, S. 61

[48] Vgl. Schmidt (2006): Zur Entwicklung des Rating in Deutschland, in: Kürble/Reichling (Hrsg), Rating und Kapitalanlage, in: schwierigen Zeiten, S. 60

[49] Vgl. Horsch (2008): Rating, S. 43

[50] Vgl. Kerwer (2001): Standardising as Governance: The case of credit rating agencies, S. 19

[51] Vgl. Richter (2008): Ratings oder Credit Spreads - mögliche Anknüpfungspunkte für eine Kapitalmarktregulierung, S. 189

[52] Vgl. Bank for International Settlements (2000): Working Papers No 3 August 2000, S. 13

Agenturen nicht nur als bloße Finanzintermediäre und Informationsdienstleister zu sehen, sie nehmen mit dieser rechtlichen Perspektive auch Marktaufsichtsfunktionen wahr.[53]

Es stehen jedoch diesen genannten Vorteilen auch Nachteile gegenüber: Die Einbindung von Ratings zu aufsichtsrechtlichen Regulierungsmaßnahmen führt zwingend dazu, dass sich in Angebot und Nachfrage von Ratingdienstleistungen nicht nur das Interesse an Kapitalmarktinformation, sondern auch an der Legitimation aufsichtsrechtlicher Sonderrechte widerspiegelt.[54]

So gesehen verändern die Aufsichtsbehörden durch die Nutzung von Ratings zu Regulierungszwecken das Produkt Rating selbst und erzeugen eine regulativ induzierte Nachfrage, indem Ratings unabhängig von Qualität und Reputation nachgefragt werden.[55]

Ferner sehen die Satzungen zahlreicher regulierter (meistens institutioneller) Investoren vor, dass sie allein in Titel mit *Investment Grade-Rating* investieren dürfen, die von einer bekannten Rating-Agentur bewertet worden sind. Dazu kommt noch, dass sie nicht nur dazu verpflichtet werden, in *Investment Grade-Rating* zu investieren, sondern im Falle eines *Downgradings* auf ein *Speculativ-Grade-Rating* auch zum Verkauf des Titels.[56]

Die durch rechtliche Anordnungen erzeugte Nachfrage von Ratings stellt deshalb ein ganz grundlegendes Problem in Bezug auf die Qualität des Ratings dar. Im Jahr 1975 führte die SEC[57] einen formellen Registrierungsprozess zur Verleihung des NRSRO-Status (*Nationally Recognized Statistical Rating Organization*) ein, der aufgrund seiner intransparenten Kriterien für den schwachen Wettbewerb (siehe Abschnitt 4.1.4) auf dem Ratingmarkt verantwortlich gemacht wird.[58] Insbesondere der Verkauf von regula-

---

[53] Vgl. Gras (2003): The Power to Rate, S. 31

[54] Vgl. von Randow (1996): in: Büschgen/everling, S. 567

[55] Vgl. Cantor (2001): Moody's Investor Service response to the consultativ paper issued by the Basel Committee on Bank Supervision „A new capital adequacy framework", Journal of Banking&Finance, S. 179

[56] Habersack (2005): Rechtsfragen des Emittenten-Ratings, in: ZHR 2005, S. 185

[57] Securities and Exchange Commission (SEC); US-amerikanische Börsen- und Wertpapieraufsichtsbehörde, die 1934 als Reaktion auf den Börsencrash von 1929 und die anschließende Wirtschaftskrise gegründet wurde. Vgl. Everling/Schneck (2004): Das Rating ABC, S. 108

[58] Vgl. Hill (2004): Regulating the Rating Agencies, S. 43

tiven Lizenzen[59], wird als Ursache für die erschwerten Marktzugangsbarrieren für neue Agenturen gesehen.[60]

Im Gegensatz zu Europa erlangten die Rating-Agenturen in den Vereinigten Staaten viel früher Bedeutung und besitzen bereits seit den 1930er Jahren rechtliche Relevanz.[61] Die Einbeziehung des Ratings in Rechtsvorschriften nach dem Börsencrach und der darauf folgenden Weltwirtschaftskrise kann als endgültige Etablierung und Expansion des Ratings gesehen werden.[62] Seit den 1990ern haben die Rating-Agenturen besonders starken Einfluss auf die weltweiten Kapitalmärkte gewonnen.[63] Dementsprechend wurde Anfang der 1990er Jahre durch die Richtlinie RL93/EWG[64] zum ersten Mal in der europäischen Gemeinschaft für Kreditinstitute die Möglichkeit geschaffen, Ratings für bankaufsichtsrechtliche Zwecke zu nutzen.[65]

Inzwischen finden sich Ratings in Rechtsvorschriften vieler Staaten und haben sich zudem zu einer festen Determinante sowohl im Recht der Bankenaufsicht als auch im Wertpapier- und Versicherungsrecht entwickelt.[66] Gängig ist die Verwendung des Ratings in zahlreichen Finanzaufsichtsbehörden, für unterschiedliche Zwecke in den Rechtsordnungen der Mitgliedsstaaten der Europäischen Union.[67]

So werden bspw. die Bonitätsbeurteilungen von anerkannten Rating-Agenturen als Maßstab für die Eigenkapitalhinterlegung von Banken und andere Finanzinstitutionen akzeptiert. Ferner finden sich Ratings in Vorschriften für Anlagetätigkeiten von Anlagefonds und Geldmarktfonds sowie in Risikomessung von strukturierten Finanzprodukten.[68]

---

[59] Diese bieten wertvolle Eigentumsrechte, die einer nicht hoheitlichen juristischen Person gestatten, anstelle einer Regulierungsbehörde die materiell-rechtlichen Auswirkungen von Rechtsregeln zu bestimmen. Vgl. Partnoy (1993): The Siskel and Ebert of Financial Markets?, S. 623 (619).

[60] Vgl. Horsch (2008): Rating, S. 227

[61] Vgl. Eisen (2007): Haftung und Regulierung internationaler Rating-Agenturen, S. 111

[62] Vgl. Hoffmann (1991): Bonitätsbeurteilung durch Credit Rating, S. 27

[63] Vgl. Kerwer (2001): Standardising as Governance, S. 3

[64] RL 93/6/EWG des Rates von 15. 3.1993 über die angemessene Eigenkapitalausstattung von Wertpapierfirmen und Kreditinstituten, Kapitaladäquanzrichtlinie 93/6/EWG (deutsche Fassung) S. 1

[65] Vgl. Asmussen (2005): Rating-Agenturen und Finanzaufsicht, in: BFuP 2005, S. 248

[66] Vgl. Blaurock (2007): Verantwortlichkeit von Ratingagenturen – Steuerung durch Privat- oder Aufsichtsrecht?, in: ZGR, S. 603

[67] Vgl. The Committee of European Securities Regulators, CESR/05 2005-139b, Rz. 184

[68] Vgl. The Committee of European Securities Regulators, CESR/05 2005-139b, Rz, 184.

Ratings sind aus der heutigen Finanzwelt nicht mehr wegzudenken und finden daher im Recht nationaler Finanzmärkte als Steuerungsinstrument zur Lenkung von Finanzierungs- und Investitionsprozessen immer häufiger Verwendung.[69]

Einer der fundamentalen Komponenten der Kapitalmarktregulierung besteht in der Anforderung, dass die Eigenkapitalausstattung in einer angemessenen Relation zum eingegangenen Risiko steht.[70] Die Anforderung zur Mindestkapitalanforderungen durch die Basler Eigenkapitalregeln (Basel II) – die Eingliederung in das Gemeinschaftsrecht erfolgte durch die RL2006/48/EG – hat eine fundamentale Bedeutung. Mit den Anforderungen sollen gelegentlich auftretende Verluste abgefedert werden, die nicht durch die im gewöhnlichen Geschäft aufgebauten Risikovorsorgemaßnahmen gedeckt sind.[71]

Die Rechtsvorschriften bieten Banken klare und beabsichtigte Anreize, anstelle von externen Ratingmethoden interne zu verwenden. Bei Verbriefungspositionen wird dagegen selbst bei dem internen Ratingansatz Bezug zu externen Ratings genommen. Der Grund dafür wird am Mangel an objektiven und unabhängigen bankinternen Ratingmethoden gesehen.[72]

Demzufolge werden im Gemeinschaftsrecht immer weitergehende rating-basierte Vorschriften entwickelt, wodurch es zu einer Verbreitung und einem steigenden Bedeutungszuwachs des Ratings kommt.

## 2.2 Rating-Agenturen

*„There are two superpowers in the world today in my opinion. There's the United States and there's Moody's Bond Rating Service. The United States can destroy you by dropping bombs, and Moody's can destroy you by downgrading your bonds. And believe me, it's not clear sometimes who's more powerful."*[73]

---

[69] Vgl. Horsch (2008): Rating, S. 275

[70] Vgl. Norden/Weber (2005): Möglichkeiten und Grenzen der Bewertung von Ratingsystemen durch Markt und Staat, in: Neupel/Rudolph/Hanhnenstein (Hrsg), in: zfbf 2005, S. 31

[71] Vgl. Hofmann/Pluto (2005), Zentrale Aspekte der neuen aufsichtlichen Eigenmittelempfehlungen (Basel II), in: Neupel/Rudolph/Hanhnenstein (Hrsg), zfbf Sonderheft 52: Aktuelle Entwicklungen im Bankcontrolling: Rating, Gesamtmarktsteuerung und Basel II, S. 242

[72] Vgl. Europäische Kommission, DG Markt Service Document - Tackling the problem of excessive reliance on ratings, S. 3, http://ec.europa.eu/internal_market/consultations/docs/securities_agencies/consultation-overreliance_en.pdf (19.01.2011).

[73] The News Hour with Jim Lehrer: Interview with Thomas L. Friedman (PBS television broadcast, Feb. 13, 1996), http://www.pbs.org/newshour/gergen/friedman.html (03.01.2011).

## 2.2.1 Der Einfluss und Rolle der Agenturen

Sollte jemand den Prozess der Globalisierung und die daraus resultierenden Auswirkungen auf die nationale Politikgestaltung genauer zu verstehen versuchen, so sollte er mit der Rolle der Rating-Agenturen auf den Finanzmärkten vertraut werden.

Die Agenturen gehören aufgrund ihrer Indienstnahme zu Regulierungszwecken, ihrer elementaren Bedeutung für die Koordination weltweiter Kapitalströme sowie ihre Einflussnahme auf die Finanzierungssituation von Unternehmen und ganzen Staaten zu den wichtigsten Akteuren der globalen Finanzmärkte.[74] Inzwischen scheinen sie in der Steuerung der weltweiten Kapitalströme die Staaten als die bedeutsamsten Kräfte abgelöst zu haben.[75]

Im anglo-amerikanischen Kulturkreis werden bestimmte staatliche Organisationen als „Agencies" bezeichnet, womit die Rating-Agenturen, die faktisch unternehmerisch im Sinne von erfolgsorientiert arbeiten, begrifflich in die Nähe hoheitlicher Organisationen gerückt werden.[76] Dies darf jedoch keinesfalls über die Tatsache hinweg täuschen, dass das Hauptinteresse der Agenturen in ihrer Gewinnmaximierung liegt.[77]

Folglich können die Rating-Agenturen als private Unternehmen im Finanzdienstleistungsbereich eingeordnet werden, die sich auf die Bewertung der Kreditwürdigkeit von Schuldner und Schuldtiteln spezialisiert haben und ihre Bonitätsbeurteilungen für Interessenten öffentlich zugänglich machen.[78] Die Rating-VO[79] definiert sie daher gem. Art. 3 Abs. 1 lit. b Rating-VO auch als eine Rechtspersönlichkeit, deren Tätigkeit die gewerbsmäßige Erstellung und Abgabe von Ratings umfasst. Die Hauptaufgabe und Rolle der Rating-Agenturen besteht in der Gewinnung von Daten und Informationen, die mit der Analyse und Bewertung von ökonomischen Verhalten verbunden ist sowie der Veranschaulichung und Verbreitung von Informationen.[80]

---

[74] Vgl. Rosenbaum (2009): Einfluss von Rating-Agenturen, S. 23

[75] Vgl. Kerwer (2002): Rating Agencies, S. 40

[76] Vgl. Horsch (2008): Rating, S. 93

[77] Vgl. Gras (2003): The Power to Rate, S. 16

[78] Vgl. Gras (2003): The Power to Rate, S. 6

[79] Die Rating-VO von 2009 regelt die Registrierung und Beaufsichtigung von Ratingagenturen EU-weit; EU Änderungsvorschlag von 2. Juni 2010, http://www.cep.eu/fileadmin/user_upload/Kurzanalysen/AEnderungs-VO_Ratingagenturen/KA_VO-Ratingagenturen.pdf (25.04.2011)

[80] Vgl. Holz (1998): Was sind Ratings wert? Ein Vorschlag zur Transparenz und Methodik von Ratings, in: VW, S. 1493.

Durch die regulatorische Bezugnahme in aufsichtsrechtliche Bestimmungen wurde zudem die Rolle der Agenturen als Institutionen der Marktdisziplinierung erweitert, und womit sie zu einem Baustein der staatlichen Regeldurchsetzung auf dem Finanzmarkt geworden sind.[81] Damit könnte man sie in ihrer Rolle als quasi-Aufsichtsbehörde bezeichnen, wodurch sie abweichend von ihrer eigentlichen Rolle als Finanzintermediäre nicht einfach einzuordnen sind. Vielmehr können sie, wie zuvor erwähnt faktisch als „Agencies" bezeichnet werden. Anders als heute wurden Agenturen und ihre Dienstleistung der Bonitätsbewertung bis zu den 1970er Jahren fast ausschließlich durch den Verkauf ihrer Publikationen an Investoren vergütet.[82] Jedoch wurde nach und nach diese Art Vergütungsstruktur, nämlich zahlende Investoren im Rahmen von Investoren-Abonnements, im Laufe der Zeit immer weiter verdrängt.[83] Heute erhalten die großen Agenturen ihre Einkünfte fast ausschließlich durch Zahlung vom bewerteten Emittenten.[84] Mittlerweile erzielen die großen Agenturen über 90 Prozent ihrer Einnahmen aus Gebühren für die Ratingerstellung der jeweiligen Auftraggeber.[85] Diese Tatsache scheint auf den ersten Blick paradox, da die Ratings in erster Linie für Dritte bestimmt sind und nicht für bewertete Unternehmen.[86] Der wesentliche Vorteil bei der gegenwärtigen Entlohnungspraxis wird jedoch darin gesehen, dass jeder interessierte Investor und Finanzintermediäre von den Ratings Kenntnis nehmen kann[87] und nicht nur die, die einen Abo-Vertrag besitzen. Investoren würden schlecht für Informationen bezahlen, die jedem zugänglich sind.[88] Die Umformung ihrer Entlohnungspraxis in den 1970er Jahren hat zudem entscheidend zur Expansion und Verbreitung von Ratings beigetragen. Die genannte Geschäftspraxis birgt auch die Gefahren von Interessenskonflikten, die in Kapitel 4 behandelt werden.

## 2.2.2 Historische Entwicklung

Die Rating-Agenturen (engl. Credit Rating Agency; CRA) sind auf Gewinn ausgerichtete Privatfirmen, die gewerbsmäßig die Kreditwürdigkeit (Bonität) von Unternehmen

---

[81] Vgl. Horsch (2008): Rating, S. 92

[82] Vgl. von Maltzen (2000): The Influence of ratings on International Finance Markets, S. 46

[83] Vgl. Habersack (2005): Rechtsfragen, in: ZHR 2005, S. 185

[84] Vgl. The Committee of European Securities Regulators: CESR/04-612b Consultative Paper 2004, Rz 87

[85] Vgl. Zentrale Kreditausschuss, Stellungnahme des Zentralen Kreditausschusses zur Tätigkeit von Rating-Agenturen und ihrer möglichen Regulierung - 14. August 2003, http://www.zka-online.de/uploads/media/030815_ZKA-Stn_Rating-Agenturen.pdf (22.01.2011).

[86] Vgl. Witte/Hrubesch (2004): ZIP 2004, S. 1351

[87] Vgl. Habersack (2005): ZHR 2005, S. 195

[88] Vgl. Bloss/Ernst/Häcker/Eil (2009): Von der Subprime-Krise zur Finanzkrise – Immobilienblase: Ursachen, Auswirkungen, Handlungsempfehlungen, S. 100

sowie von Staaten und deren untergeordneten Gebietskörperschaften bewerten und in einem Buchstaben-/Zahlenschlüssel (Ratingcode) zusammenfassen, der in der Regel von AAA bzw. Aaa (beste Qualität) bis D (zahlungsunfähig) reicht.[89]

Der Ursprung des Credit Ratings liegt in den Vereinigten Staaten von Amerika. Dort entwickelten sich Rating-Agenturen aus Kreditauskunfteien, die die Bonität von Handelspartnern bewerteten.[90]

Die weltweit erste Rating-Agentur wurde 1909 in den USA durch John Moody gegründet.[91] Er sammelte Daten wie Vermögens-, Finanz- und Ertragslage ausgewählter Eisenbahngesellschaften, die er danach auf Differenzen analysierte. Die anhand von Ratingskalen bewerteten Anleihen von betroffenen Gesellschaften verkaufte er dann als gebündelte Informationen an Investoren. Diese Informationen gewährten den Investoren die Möglichkeit, die Risiken zu vergleichen und dadurch die Kreditwürdigkeit der Institutionen besser einschätzen zu können.[92] Der Durchbruch des Credit Rating in heutigem Sinne erfolgte erst als John Moody 1909 aus den Krediteinstufungen der Auskunfteien R.G. Dun and Company und Bradstreet Companies ein Rating-System mit einer Skala von „Aaa" bis „E" entwickelte und in seiner Publikation „Moody's Analyses of Railroad Investment", im Gegensatz zu den bis dato existierenden umfangreichen und komplexen Analysen von Eisenbahnanleihen, die bereitgestellten Informationen der Emittenten auf ein einziges Symbol pro Anleihe komprimierte.[93]

Moody's Rating-System wurde angesichts seines Erfolgs von den Konkurrenten Standard Statistics Company und Fitch mit neuen Symbolen weitgehend übernommen.[94] 1916 stieg die Poor's Publishing Company ins Ratinggeschäft ein, gefolgt von der Standard Statistics Company 1922 und der Fitch Publishing Company 1924.[95]

Ende der 1920er Jahre folgte eine Phase der Rezession während der Weltwirtschaftskrise 1929, aus der jedoch die Rating-Agenturen letztlich gestärkt herausgingen, da einerseits im Zuge der vermehrten Zahlungsausfälle Investoren für die Bonität der Emitten-

[89] Vgl. O.V., Dr. Galuschge Begriffslexikon, Stichwort; Ratingagentur, http://www.dr-galuschge.de/sites/lexikon/r.htm (17.01.2011).

[90] Vgl. Cantor/Paker (1994): The Credit Rating Industry, S. 1 ff.

[91] Everling (1991): Credit Rating, S. 77

[92] Vgl. Achleitner/Everling/Niggemann (2007): Finanzrating: Gestaltungsmöglichkeiten zur Verbesserung der Bonität, S.4

[93] Vgl. Sinclair (2005): The New Master of Capital, S.23; Die Idee hierzu stammte ursprünglich nicht von John Moody, er erkannte aber ihr Potenzial und setzte sie in die Praxis um, Vgl. Everling (1991): Credit Rating, S.77

[94] Vgl. Everling (1991): Credit Rating, S.79

[95] Poor's und Standard fusionierten 1941 zu S&P, S&P wurde 1966 von McGraw-Hill übernommen. Fitch fusionierte 1997 mit IBCA und wurde anschließend von der französischen Holding Fimalac übernommen. Vgl. Everling (1991): Credit Rating, S.78

ten sensibilisiert wurden und andererseits die Eingliederung von Ratings in US-Bundesgesetze zur endgültigen Etablierung von Ratings und Rating-Agenturen im amerikanischen Finanzmarkt führte.[96]

Der Bedarf an Ratings und das Geschäft der Ratingagenturen stieg seit den 1970er Jahren kontinuierlich an.[97] Die starke Expansion der US-amerikanischen Rating-Agenturen wurde durch unterschiedliche Faktoren begünstigt. Zum einen fand durch das Ende des *Bretton-Woods-Systems* 1973[98] der Übergang zu einem System freier Wechselkurse statt und damit verbunden die Internationalisierung und Integration auf den Finanzmärkten durch einen verstärkten globalen Kapitalverkehr. Zum anderen haben die strukturellen und qualitativen Veränderungen der Finanzmärkte und die Tendenz zur Verbriefung und dem Ausweichen auf alternative Finanzierungsquellen im Kreditgeschäft den Prozess beschleunigt. Durch die Verbreitung von US-amerikanischen Marktpraktiken und Standardisierungsprozessen sowie durch die zunehmende Länderfinanzierung über Kapitalmärkte stieg der Bedarf an Ratings. Die bis dato fast ausschließlich auf Nordamerika beschränkte Ratingnachfrage gewann nun auch international an Bedeutung.[99]

Vor allem seit der letzten Dekade des vorigen Jahrhunderts haben sich Ratings auch auf dem europäischen Finanzmarkt ausgeweitet. Dabei spielten sie zuvor eine geringe Rolle und auch nur bei den großen Unternehmen sowie für die Refinanzierung der Kreditwirtschaft.[100] Neben den international tätigen und dominierenden großen drei Agenturen, die durch ihre lange Tradition und aufgebaute Reputation das Vertrauen der Investoren und Kapitalnehmer gewinnen konnten,[101] verfolgen Neueinsteiger und meist kleinere Agenturen vorwiegend eine Nischenstrategie.[102] Durch ihre Nähe zu Kunden und aufgrund ihrer Spezialisierungsvorteile, die auf innigeren Marktkenntnissen basieren, sichern sie ihre wirtschaftliche Lebensfähigkeit.[103]

Obwohl der Registrierungsprozess durch neue Regelungen sowohl in den USA als auch international gelockert wurde und die Anzahl der Agenturen immer weiter steigt, kann der Ratingmarkt mit drei herrschenden Agenturen als beschränktes Oligopol beschrie-

---

[96] Vgl. Kniese (1996): Die Bedeutung der Rating-Analyse für deutsche Unternehmen, S. 12

[97] Vgl. Gras (2003): The Power to Rate, S. 10; Everling (1991): Credit Rating, S.79

[98] Bretton-Woods-System bezeichnet das nach dem Zweiten Weltkrieg neu geordnete internationale Währungssystem vom festen Wechselkurse, in dem sich die USA verpflichteten, ihre Währung jederzeit in Gold einzutauschen. Vgl. Gabler Wirtschaftslexikon online, Stichwort: Bretton-Woods-System, http://wirtschaftslexikon.gabler.de/Definition/credit-rating.html (15.01.2010).

[99] Vgl. Gras (2003): The Power to Rate, S. 11

[100] Vgl. Wieben (2004): Credit Rating, S. 12

[101] Vgl. Kley (2001): Qualitätssicherung im Ratingwesen, in: Everling (Hrsg), Rating – Chance für den Mittelstand nach Basel II – Konzepte zur Bonitätsbeurteilung Schlüssel zur Finanzierung, S. 659

[102] Vgl. Piwald (2005): Rating-Agenturen, S. 23

ben werden.[104] Der weltweite Markt wird auch 2010 von lediglich drei Agenturen, deren Marktanteil bei ca. 95% liegt, beherrscht. Moody's und S&P sind die Markführer, die schätzungsweise auf jeweils 40% des Marktanteils kommen. Die französisch-britische Agentur Fitch kommt als kleinerer Dritter auf ca. 15% des Marktanteils. Die drei Agenturen sind in New York ansässig, wobei Fitch Ratings einen gleichberechtigten Hauptsitz auch in London unterhält.[105]

Die international agierenden Agenturen haben aufgrund dieser Wettbewerbssituation wenig Anreize, um unabhängige, aktuelle und objektive Ratings abzugeben, die auf Basis aller relevanten Informationen erstellt worden sind.[106] Diese Konkurrenzlosigkeit in dem Ratingmarkt kann damit auch als einer der Gründe für die auftretenden Qualitätsmängel von Ratings gesehen werden.[107]

### 2.2.3 Ein Überblick über externen Ratingprozess und Ratingsymbole

#### 2.2.3.1 Der Ablauf des externem Ratingprozesses

Im Regelfall beauftragt ein Emittent die Rating-Agentur mit der Anfertigung eines Ratings (*solicited rating*). Selten kommt es dennoch vor, dass ein Rating ohne besonderen Auftrag von einer Rating-Agentur angefertigt wird, bspw. aufgrund einer Anfrage eines Investors (*unsolictied rating*). Ein Rating ohne den Auftrag der betroffenen Unternehmen wird im Wesentlichen ohne Mitwirken des Emittenten und nur auf der Basis von öffentlich zugänglichen Informationen über das Unternehmen erstellt.[108] Dabei ist die Geschäftspraktik der Agenturen kritisch zu betrachten, da in der Regel die nicht beauftragten Ratings schlechter ausfallen als die beauftragten.[109] Dies zeigte eine empirische Studie, die von 1998 bis 2000 das Rating von 256 Unternehmen aus 14 Ländern untersucht hatte. Poon kommt zu dem Ergebnis, dass die unbeauftragten Ratings systematisch niedriger ausfallen als die Beauftragten.[110] Die so vor die Wahl gestellten Unter-

---

[103] Vgl. Everling/Trieu (2007): Ratingagenturen, in: Büschgen/Everling, S. 99

[104] Vgl. Everling (1996): Ratingagenturen an nationalen und internationalen Finanzmärkten, in: Büschgen/Everling (Hrsg), Handbuch Rating, S. 6

[105] Vgl. o.V., Lobbypedia: Ratingagenturen, http://www.lobbypedia.de/index.php/Ratingagenturen (16.01.2011).

[106] Vgl. The Committee of European Securities Regulators: CESR/04-612b, Consultative Paper 2004, Rz 93

[107] Vgl. Cervone (2008): Regulating Credit Agencies in a Transatlantic Dialogue, EBLR 2008, S. 821

[108] Vgl. Meixner (2009): Wirtschaftspolitische Stabilisierung der Aktienmärkte und die Rolle der Rating-Agenturen, S. 226

[109] Vgl. Rosenbaum (2009): Einfluss von Rating-Agenturen, S. 33

[110] Vgl. Poon (2003): Are unsolicited credit ratings biased downward?, in: Journal of Banking & Finance, S. 613

nehmen wählen in den meisten Fällen die beauftragung der Rating-Agenturen oder gewährleisten bestmögliche Kooperation, um nicht Wettbewerbsnachteile wegen schlechter Finanzierungsmöglichkeiten zu erleiden.[111]

Im Vergleich zum internen Rating wird beim externen Ratingprozess, einerseits die Zukunftsbezogenheit betont und andererseits zusätzlich zur quantitativen Analyse von Unternehmenskennzahlen auch eine qualitative Bewertung der Unternehmenskennzahlen vorgenommen.[112] Insbesondere letztere, wie die Qualität des Managements, sind von beträchtlicher Abstraktheit geprägt.[113] Die Merkmalsausprägungen dieser weichen, zukunftsorientierten Kriterien werden durch eine subjektive Ermittlung des jeweiligen Analysten festgestellt.[114] Die subjektive Einschätzung dieser sog. *soft-facts* durch die Analysten spielt eine beträchtliche Rolle für die Gesamtbewertung, bedarf jedoch immer der Notwendigkeit einer Prognose.[115]

Tabelle 1 zeigt zwei wesentliche Bereiche, die im Rahmen der Bonitätsbeurteilung eines Unternehmens durch die Kriterien von S&P analysiert werden. In dem ersten Bereich zur Bewertung des Geschäftsrisikos werden Kriterien zum Management, zur Wettbewerbssituation und zu den Branchendaten erhoben. Im Bereich des Finanzrisikos erfolgt die Erfassung von überwiegend quantitativen Faktoren.

---

[111] Vgl. Meixner (2009): Wirtschaftspolitische Stabilisierung der Aktienmärkte, S. 226

[112] Vgl. Gleißner/Füser (2003): Leitfaden Rating – Basel II: Rating-Strategien für den Mittelstand, S. 12

[113] Vgl. Däubler: NJW 2003, S. 1096

[114] Vgl. Wieben (2004): Credit Rating, S. 237

[115] Vgl. Wagner (1991): Rating, S. 124

Tabelle 1: Ratingkriterien von Standard & Poor's

| Geschäftsrisiko | |
|---|---|
| Analyse der Branchendaten | Kernbranche |
| | Wettbewerbssituation |
| | Konjunkturdaten |
| | Wachstumschancen |
| | Anfälligkeit bei Technologiewandel oder staatlichen Regulierungen |
| Analyse der Wettbewerbssituation | Marktanteil |
| | Marketing |
| | Technologie |
| | Forschung |
| | Kosteneffizienz |
| Analyse des Managements | Industrieerfahrung |
| | Führung |
| | Glaubwürdigkeit |
| | Risikobereitschaft |
| Finanzrisiko | |
| Finanzpolitik des Unternehmens | |
| Rechnungslegung und deren Anwendung | |
| Rentabilität | |
| Planzahlen | |
| Finanzielle Flexibilität | |

Quelle: Reichlingen/Bietke/Henne (2003), Praxishandbuch, S. 64.

Die einzelnen Faktoren werden durch ein Benchmarking mit einer Vergleichsgruppe identischer Firmen einer Bewertung unterzogen.

Die Analysten der Agenturen bewerten die einzelnen Ratingkriterien mit Hilfe von Ordinalskalen, um das Bonitätsrisiko von Emissionen oder Emittenten einzuschätzen. Anschließend erfolgt eine Gewichtung und Einbeziehung der einzelnen Kriterien in übergeordnete Kategorien, bis sich schließlich auf oberster Ebene die Bonitätseinschätzung ergibt.[116] Die Ratinganalysten bereiten die gewonnenen Informationen für das Ratingkomitee auf und geben eine Ratingempfehlung ab.[117] Das Ergebnis dieser Bewertung, das in Rating Ausdruck findet, wird potenziellen Investoren kommuniziert.[118] Die Kommunikation erfolgt zum einen durch die hauseigenen Publikationen, zum anderen bei wichtigen Emittenten, durch Veröffentlichung über die allgemeinen Medien.[119]

Abbildung 15 veranschaulicht den zeitlichen Ablauf eines externen Ratings.

Abbildung 1: Zeitlicher Ablauf des externen Ratingverfahrens

| Vorphase | ➢ Antrag des Emittenten<br>➢ Informations- und Vorgespräche<br>➢ Unterzeichung des Ratingvertrags |
|---|---|
| Vorbereitungs- und Konsultationsphase | ➢ Informationsbeschaffung unter Mitwirkung des Antragstellers: Sammlung öffentlich verfügbarer sowie interner Informationen |
| Analysephase | ➢ Auswertung und Analyse der Daten (Unter Einbeziehung von länderspezifischen Risiken, Branchenentwicklung, unternehmensspezifischen Gesichtspunkten, spezifischen Anleihebedingungen) |
| Bewertungsphase | ➢ Prüfung und Bewertung der Daten<br>➢ Ratingempfehlung und Entscheidung durch Ratingkomitee<br>➢ Erstellung des Ratingberichts |
| Kommunikationsphase | ➢ Möglichkeit zur Stellungnahme<br>➢ Nachreichen von Informationen durch Emittenten<br>➢ Annahme des Ratings oder Ablehnung bzw. Widerspruch<br>➢ Publikation des Ratings bzw. interne Nutzung |
| Wiederholungsphase | ➢ „Nach dem Rating ist vor dem Rating"<br>➢ Überprüfung des Bonitätsurteils durch laufende Überwachung, bei Bedarf Anpassung durch Herauf- oder Herabstufung (Up-/downgrading) |

Quelle: eigene Darstellung nach Gras (2003): The Power, S.8.

Die Bonitätsbewertung wird von der Rating-Agentur nach der Veröffentlichung grundsätzlich laufend überwacht, um auf Änderungen der Bonität des Schuldners reagieren zu können. Dabei kommt es mindestens einmal jährlich zu einem Überprüfungsgespräch mit dem Emittenten. In der Regel treten Unternehmen bereits vor der geplanten Kredit-

---

[116] Vgl. Wieben (2004): Credit Rating, S. 240
[117] Vgl. Richter (2008): Ratings, S. 57
[118] Vgl. Kerwer (2002): Rating Agencies, S. 40
[119] Vgl. Vetter (2004): Rechtsprobleme des Externen Ratings, in: WM 2004, S. 1703

aufnahme oder Emission an eine Rating-Agentur heran, um Informationen über das zu erwartende Rating einzuholen.[120]

Die Rating-Agenturen setzen solche Kapitalnehmer auf die sog. *watch list*, bei dem sie von einer möglichen Änderung ihrer Bonitätsbewertung ausgehen und kommunizieren dies mit dem Marktteilnehmer.[121] Die Liste weist unter Beobachtung stehende Unternehmen die Tendenz der vermutlichen Rating-Änderung aufgrund von erwarteten Ereignissen an: + (Upgrade), – (Downgrade) und nicht eindeutig. Zum Schluss dieser *watch list* Phase wird das Rating entweder korrigiert oder bestätigt.[122]

### 2.2.3.2 Ratingsymbole und ihre Bedeutung

Wie bereits im letzten Abschnitt erklärt wurde, wird das Ergebnis eines Ratings in einer Buchstaben- bzw. Buchstaben-Zahlen-Kombination auf einer Ordinalskala ausgedrückt. Hierbei werden die Beschreibung der Klassen sowie schriftliche Erklärungen über die Bonität angegeben. Tabelle 2 gibt einen Überblick über die Ratingnotationen von S&P, Moody's und Fitch.

---

[120] Vgl. Reichling/Bietke/Henne (2003): Praxishandbuch, S. 59
[121] Vgl. Herfurth (2010): Die Regulierung von Ratingagenturen unter Basel II, S. 59
[122] Vgl. Reichling/Bietke/Henne (2003): Praxishandbuch, S. 62

Tabelle 2: Bewertungsskalen der führenden Agenturen im Vergleich

| S&P | Moody's | Fitch | „Schulnotenvergleich" und Beurteilung | |
|---|---|---|---|---|
| AAA | Aaa | AAA | Sehr gut: Höchste Bonität; nahezu kein Ausfallrisiko | Investment Grade |
| AA+ | Aa1 | AA+ | Sehr gut bis gut: Hohe Zahlungswahrscheinlichkeit; geringes Ausfallrisiko | |
| AA | Aa2 | AA | | |
| AA- | Aa3 | AA– | | |
| A+ | A1 | A+ | Gut bis befriedigend: Angemessene Deckung von Zins und Tilgung; Risikoelemente vorhanden, die sich bei Veränderung des wirtschaftlichen Umfelds negativ auswirken | |
| A | A2 | A | | |
| A- | A3 | A– | | |
| BBB+ | Baa1 | BBB+ | Befriedigend: Angemessene Deckung von Zins und Tilgung; spekulative Elemente oder mangelnder Schutz gegen Veränderungen des wirtschaftlichen Umfelds vorhanden | |
| BBB | Baa2 | BBB | | |
| BBB- | Baa3 | BBB- | | |
| BB+ | Ba1 | BB+ | Ausreichend: Mäßige Deckung von Zins und Tilgung (auch in einem guten wirtschaftlichen Umfeld) | Speculative Grade |
| BB | Ba2 | BB | | |
| BB- | Ba3 | BB- | | |
| B+ | B1 | B+ | Mangelhaft: Geringe Deckung von Zins und Tilgung | |
| B | B2 | B | | |
| B- | B3 | B- | | |
| CCC | Caa | CCC | Ungenügend: Niedrigste Qualität; akute Gefahr des Zahlungsverzugs | |
| CC | Ca | CC | | |
| SD/D | C | DDD | Zahlungsunfähig: | |
| | | DD | In Zahlungsverzug | |
| | | D | | |

Quelle: eigene Darstellung nach Reichling/Bietke/Henne (2003): Praxishandbuch, S. 68.

In der Praxis wird eine Rating-Skala verwendet, die auf einer Symbolik basiert, die auf John Moody's zurückzuführen ist. Die Ratingklassen der großen Agenturen, welche die Klassifizierung und Vergleichung der Bonität von einzelnen Emittenten ermöglichen, haben sich als Kategorien in der Finanzwelt als eigene Finanzsprache durchgesetzt.[123]

Die Notation, die sich international etabliert hat und in der Praxis am häufigsten verwendet wird, reicht von AAA (Schuldner mit bester Bonität) bis D („Default", d.h. insolvente Kapitalnehmer) mit diversen Zwischenstufen.[124] Die Abstände zwischen den einzelnen Klassen sind jedoch nicht metrisch messbar.[125] Bis zu einer Bonitätsbewertung von BBB- bzw. Baa3 spricht man von einer Einordnung als *investment grade*.

Aufgrund der Einführung des Euro ist innerhalb der Europäischen Währungsunion das Wechselrisiko weggefallen. Insofern ist die Bonitätsbenotung durch Rating-Agenturen bei Anleihen zum zentralen Kriterium für Anlageentscheidungen geworden.[126] Es kam zu dieser Entwicklung, da die Bonitätsbewertungssymbole für Marktteilnehmer leicht verständlich sind und zur Überwindung der Sprachbarrieren beigetragen haben.[127]

---

[123] Vgl. Braun (2003): Rating kompakt – Basel II und die neue Kreditwürdigkeitsprüfung, S. 47
[124] Vgl. Braun (2003): Rating kompakt, S. 16
[125] Vgl. Reichling/Bietke/Henne (2003): Praxishandbuch, S. 68
[126] Vgl. Heinke/Steiner (2000): Rating am europäischen Kapitalmarkt: Aktuelle Entwicklungstendenzen – Teil I, Finanz Betrieb, S. 1 ff.
[127] Vgl. Herfurth (2010): Die Regulierung von Ratingagenturen, S. 56

# 3 Kritische Würdigung der Funktion und Rolle der Rating-Agenturen

Die jüngste Finanzkrise hat erneut gezeigt, dass die Rating-Agenturen eine Schlüsselrolle auf den globalen Finanzmärkten inne haben, ohne deren Gütesiegel eine Platzierung von Anleihen und somit auch die Unternehmensfinanzierung praktisch unmöglich erscheint.

Ziel des folgenden Kapitels ist es, Rating-Agenturen in Hinblick auf ihrer Funktion und Rolle bei der Strukturierung von Finanzprodukten, auf den Kapitalmärkten sowie in der Finanzkrise einer kritischen Betrachtung zu unterziehen.

## 3.1 Definition und thematische Abgrenzungen zu „Asset Securitisation"

Ihr Einfluss auf die Entwicklung der Finanzkrise war immens. Die Rede ist von *Asset Backed Securities*, kurz ABS, bedeutet übersetzt „forderungsbesichertes Wertpapier".[128]

Um das Verständnis der folgenden Kapitel zu erleichtern, wird der Begriff *Asset Securitisation* vorab definiert. In der wissenschaftlichen Literatur existiert eine Vielzahl von Definitionen, die hier nicht weiter behadelt werden, da dies nicht Ziel der vorliegenden Arbeit ist.

Im Rahmen dieser Arbeit wird unter dem Begriff *Asset Securitisation* eine neue Finanzierungstechnik verstanden, die zunehmend großen Erfolg hat. Dabei werden Finanzaktiven (Assets) aus der Bilanz eines Unternehmens (Originator) ausgegliedert und vom restlichen Unternehmen durch eine eigens zum Zwecke der Finanzierung gegründete Gesellschaft (Zweckgesellschaft), einem *Special Purpose Vehicle* (SPV) getrennt. Die SPV verfügt nicht über eigenes Vermögen, sie finanziert den Kauf der Forderungen über die internationalen Geld- und Kapitalmärkte. Die Gründung des SPV übernimmt die Bank oder ein Arrangeur, womit sichergestellt wird, dass es nicht zu den konsolidierungspflichtigen Tochterunternehmen des Originators gehört.[129] Die SPVs werden, wegen ihren trickreichen Geschäftspraktiken, auch als *Schattenbanken* bezeichnet, da sie

---

[128] Vgl. Krassin/Tran/Lieven (2009): Asset Backed Securities (ABS) und ihr Einfluss auf die Entwicklung der Finanzkrise, in: Elschen/Lieven (Hrsg), Der Werdegang der Krise – Von der Subprime- zur Finanzkrise, S. 70

[129] Vgl. Krassin/Tran/Lieven (2009): Asset Backed Securities, S. 71

risikoreiche Geschäfte aus den Bankbilanzen auslagern, um bankaufsichtsrechtliche Regeln zur Risikosteuerung und Absicherung durch Eigenkapital zu umgehen.[130]

Die SPV's, die von den Originatoren oder Investmentbanken alleine für die Transaktionen gegründet werden, kaufen diese Kreditforderungen und refinanzieren diese durch die Emission von Wertpapieren, den *Asset Backed Securities* (ABS).[131]

Die *Asset Securitisation* ist also eine Finanzierungstechnik, bei der:

> ➢ ein (meist) diversifizierter Pool von Finanzaktiven aus der Bilanz einer Bank oder eines Unternehmens ausgegliedert,

> ➢ in einem SPV rechtlich verselbstständigt,

> ➢ und von diesem über die Ausgabe von Wertschriften an den internationalen Geld- und Kapitalmärkten refinanziert wird.

Es handelt sich demnach um die Transformation illiquider, nicht marktgängiger Forderungsbestände in Geld und kapitalfähige Finanzinstrumente.[132] Innerhalb der ABS werden i.w.S. des Weiteren noch drei größere Untergruppen unterschieden: die *Mortgage Backed Securities* (MBS), die *Collateralised Debt Obligations* (CDO) sowie die *Asset Backed Securities* (ABS) i.e.S., welche in Abbildung 2 skizziert werden.

Abbildung 2: Strukturierte Finanzprodukte im Überblick

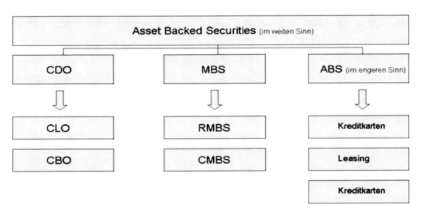

Quelle: eigene Darstellung in Anlehnung an Bloss/Ernst/Häcker/Eil (2009): S. 68.

---

[130] Vgl. Sachverständigenrat, Jahresgutachten 2008/09: Finanzsystem auf der Intensivstation, Reaktionen der Banken, S. 120, http://www.sachverstaendigenrat-wirtschaft.de/fileadmin/dateiablage/download/gutachten/ga08_iii.pdf (11.04.2011).

[131] Vgl. Bär (1997): Asset Securitisation – Die Verbriefung von Finanzaktiven als innovative Finanzierungstechnik und neue Herausforderungen für Banken, S. 3 ff.

[132] Vgl. Bär (1997): Asset Securitisation, S. 35

Die Möglichkeiten herkömmlicher ABS-Transaktionen sind noch nicht ausgeschöpft und werden laufend erweitert. So wurden etwa die künftigen Zuschauereinnahmen aus der Arena „Auf Schalke" im Jahre 2003 verbrieft.[133] Eine besondere Klasse bilden die *Collaterised Debt Obligations* (CDO), die zur Gruppe der ABS gehören, bei denen ein Kreditportfolio oder ein Portfolio von Anleihen im Rahmen einer *Asset-Backed-Transaktion* verbrieft wird.[134] *Mortage Backed Securities* (MBS), in denen die heutigen ABS ihren Ursprung haben, sind Forderungen der Finanzierung vom privaten Wohneigentum, die verbrieft werden. ABS i.e.S. liegen dann vor, wenn Verbriefungen von Forderungen z.b. aus Leasing-Forderungen, Kontokorrent-Kredite oder aber aus Kreditkarten-Forderungen strukturiert werden.[135] Die geläufigsten strukturierten Finanzprodukte sind ABS und MBS, die auch für die Arbeit von Bedeutung sind. Alle anderen Untergruppen werden hier nicht weiter aufgeführt.

Die Rating-Agenturen quittierten Bestnoten für diese verbrieften und strukturierten Finanzprodukte und gaben sehr geringe Ausfallwahrscheinlichkeit für sog. „Ramschpapiere" an. Wie wichtig die Bewertungen der Rating-Agenturen für Investoren und die Finanzwelt ist, zeigt der folgende Abschnitt.

## 3.2 Die Rolle der Rating-Agenturen auf den Finanzmärkten

### 3.2.1 Rating-Funktion bei strukturierten Finanzprodukten

Bei herkömmlichen Wertpapieren wie Unternehmensanleihen verfügen die Investoren meist über relativ umfangreiche Informationen, die den jeweiligen Emittenten betreffen und sind demnach nicht auf die Ratingberichte der Rating-Agenturen alleine angewiesen.[136] Die strukturierten Finanzprodukte[137], die seit den 1970er an Beliebtheit gewannen, sind sehr komplexe und Risikoreiche Wertpapiere, deren Kursverhalten daher nur schwer prognostizierbar ist.[138] Dies unterscheidet Ratings für traditionelle Anleihen

---

[133] Vgl. Kern (2003): Securitization – Allheilmittel für die Bundesliga? S. 444

[134] Vgl. Frühwirth (2007), Handout zum Referat Asset-Backed Securities (ABS) und Mortgage-Backed Securities (MBS), S. 1

[135] Vgl. o.V., Was sind Asset Backed Securities (ABS)?, http://www.tec7.net/produkte/abs.html (04.03.2011).

[136] Vgl. Brabänder (2008): Subprim-Krise – Die Rolle der Rating-Agenturen, Die Bank 2008/8, S. 9

[137] Diese beinhalten die Bündelung von Aktiva in Pools und den anschließenden Verkauf von in Tranchen aufgeteilten Ansprüchen auf die durch diese Pools besicherten Zahlungsströme an Anleger. Vgl. Fender/Mitchell (2005): Strukturierte Finanzierungen: Komplexität, Risiken und die Rolle von Ratings, BIZ-Quartalsbericht, 06/2005, S. 77

[138] Vgl. o.V. Subprime-Verbriefungen und das Gewerbepolizeirecht des KWG, ZFGK 04, 15.02.2011, S. 192

deutlich von denen der strukturierten Finanzprodukte. Hierbei haben die wenigsten Investoren Zugang zu erforderlichen Informationen. Dabei ist eine Komplettanalyse der verbrieften Portfolios, die mit hohen Transaktionskosten verbunden ist, nicht lohnenswert.[139]

Insofern üben die Rating-Agenturen am Markt für strukturierte Finanzprodukte eine zentrale Funktion aus: Das Vertrauen der Marktteilnehmer in die Qualität sowie Verlässlichkeit der Ratings stellen grundlegende Voraussetzungen für das Funktionieren dieses Marktsegments dar.[140] Die Bonitätsurteile der Agenturen bilden daher eine wesentliche Informationsquelle bei der Vermarktung sowie bei Investitionsentscheidungen – vor allem für institutionelle Anleger, die nur in Anlagen mit *investment-Grade* investieren dürfen.[141] Die strukturierten Finanzprodukte beinhalten eine Vielzahl von nicht mehr überschaubaren „subprime loans", gebündelt in einem Wertpapier.[142] Die wenigsten Investoren wenden Ressourcen auf, um eine eigene tiefgreifende Analyse des verbrieften Forderungspools (aus z.B. Subprime-Hypotheken) und der durch die Bildung von Tranchen mit mannigfachen Risiko-Ertrag-Profilen teilweise sehr komplexen Strukturen vornehmen zu können.[143]

Die Bonitätsnoten dieser Produkte haben die Gütesiegel von mind. einer der marktführenden Agenturen Moody's, S&P oder Fitch verliehen bekommen, die mittlerweile ihrerseits Fehler eingeräumt und damit begonnen haben, die von ihnen zur Bonitätsbewertung von ABS-Tranchen verwendeten Modelle und Verfahren anhand der gewonnenen Erfahrungen neu zu justieren.[144]

Die besonderen Bedingungen am Markt dieser Produkte verlangen daher von den Agenturen besondere Sorgfalt und Transparenz. Obwohl die Ratings strukturierter Produkte wegen der diversifizierten Forderungspools relativ stabil sind, fallen Rating-Änderungen – etwa nach Abweichungen der angenommenen Ausfallwahrscheinlichkeit von Asset-Klassen – heftig aus, meistens um mehrere Stufen *(notches)*.[145] Grund dafür ist der sog. Hebeleffekt bei strukturierten Produkten, d.h. je tiefer der Rand einer Tranche und je geringer ihr Volumen, desto größer ist die Wahrscheinlichkeit eines Total-

---

[139] Vgl. Brabänder (2008): Die Rolle der Rating-Agenturen, S. 8

[140] Vgl. Stellungnahme des Zentralen Kreditausschusses (ZKA) zum Konsultationspapier von CESR "The role of credit rating agencies in structured finance", CESR/08-36, 28.03.2008, S. 8

[141] Vgl. Siddiqui/Seckelmann (2009): Der Subprime-Kollaps: Ursachen, Auswirkungen und Implikationen für staatliches Handeln, in: dms 2009. S. 144

[142] Vgl. o.V. Subprime-Verbriefungen, ZFGK 04, 15.02.2011, S. 192

[143] Vgl. Deutsche Bank: Finanzstabilitätsbericht - Risikofaktoren für das deutsche Finanzsystem 2007, S. 22

[144] Vgl. Siddiqui/Seckelmann (2009): Der Subprime-Kollaps, in: dms 2009, S. 144

[145] Vgl. Brabänder (2008): Die Rolle der Rating-Agenturen, S. 8

ausfalls.[146] Ferner sind die Rating-Aktionen bei strukturierten Finanzprodukten – im Unterschied zum Anleihemarkt – für die Marktteilnehmer kaum vorhersehbar (siehe Tabelle 2).

Tabelle 3: Rating strukturierter Finanzierungen und traditioneller Anleihen

| RATING STRUKTURIERTER FINANZIERUNGEN UND TRADITIONELLER ANLEIHEN | | |
|---|---|---|
| **Rating** | **Strukturierte Finanzprodukte** | **Traditionelle Anleihe** |
| Rating-Prozess | Rating durch Analyst; Entscheidungen durch Rating-Komitee | |
| Rating-Konzept | Ausfallwahrscheinlichkeit oder erwarteter Verlust | |
| Rating-Konzept | Tranchierung kann Wertpapiere mit gleichem erwarteten Verlust, aber unterschiedlichem unerwarteten Verlust schaffen. | Erwarteter Verlust, möglicherweise sinnvolle Schätzung des Kreditrisikos. |
| Strukturierte Elemente | Komplex; erfordert umfassende Analyse. | Kann strukturelle Elemente enthalten; erfordert weniger aufwendige Analyse. |
| Kreditrisiko-Analyse | Modellorientierte, quantitative Analyse des Asset-Pools. Ausgerichtet auf erwartete Cashflows aus dem verbrieften Vermögen. | Geringeres Gewicht der quantitativen Analyse. Ausgerichtet auf erwarteten Cashflow aus dem laufenden Geschäft. |
| Interessenkonflikte | Zwischen Originatoren, Investoren, dritten Parteien. Erfordert strukturelle und vertragliche Vorkehrungen. | Zwischen Eigentümern, Gläubigern, Management. |
| Natur des Ratings | Ex-ante Ausrichtung; stärker modellbasiert; Emittent kann Rating vor Beschluss über endgültige Struktur durch Anpassungen kurzfristig beeinflussen. | Ex-post-Ausrichtung mit Ex-ante-Elementen; mehr subjektive Einschätzung; kaum Möglichkeiten für Emittenten, Rating kurzfristig zu beeinflussen. |
| Rating-Verlauf | Meist stabiler, bei Änderungen jedoch stärkere Ausschläge. | Weniger stabil. Abhängig von dauerhafter Ertragskraft. |

Quelle: Brabänder (2008): Die Bank, S. 8.

---

[146] Vgl. Deutsche Bank: Finanzstabilitätsbericht 2007, S. 22.

Folglich erklärt dies zum einen, warum nach den umfangreichen Herabstufungen im Jahr 2007 ein generelles Misstrauen der Marktteilnehmer gegenüber diesen Produkten aufkam, und zum anderen könnte dies ein wichtiger Anhaltspunkt dafür sein, warum die Agenturen mit ihren Rating-Aktionen relativ spät auf die geänderte Lage reagiert haben.[147] Neben dem Bonitätsurteil hat das Monitoring durch Rating-Agenturen, nämlich die Überwachung der Risikoentwicklung des verbrieften Portfolios, für die Investoren eine große Bedeutung.[148]

Ferner wird durch Ratings das Kreditausfallrisiko anhand von erwarteten Verlusten bzw. Ausfallwahrscheinlichkeiten beurteilt, wobei Markt- und Liquiditätsrisiken, die bedeutenden Einfluss auf den Wert eines Finanzprodukts haben, bei der Beurteilung bisher unberücksichtigt bleiben. Zudem ist die Zuverlässigkeit der verwendeten Modelle für strukturierte Produkte sowie der getroffenen Annahmen noch nicht über den Verlauf eines vollständigen Kreditzyklus getestet worden. Folglich besteht dabei ein höheres Modellrisiko, welches das tatsächliche Risiko durch verwendete Verfahren nicht genau abbildet.[149]

Abschließend ist anzumerken, dass die Turbulenzen am Finanzmarkt durch einen umfassenden Vertrauensverlust hinsichtlich der Qualität von strukturierten Finanzprodukten ausgelöst wurden. Die Schwächen des Ratings haben wesentlich dazu beigetragen, wenngleich diese nicht die alleinige Ursache darstellen. Insofern besteht die Aufgabe der Rating-Agenturen darin, diese Schwächen zu beseitigen.[150]

## 3.2.2  Die Rating-Agenturen als „Gatekeeper" der Finanzmärkte

Die Rating-Agenturen besitzen in den angelsächsischen Ländern, insbesondere in den USA, wegen den in Kapitel 2.1.2.2 erklärten Entwicklungsfaktoren eine lange Tradition.[151] In Europa dagegen gewann das externe Rating erst in jüngerer Zeit an Bedeutung. Ratings insbesondere externe Bonitätsbeurteilungen an den Kapitalmärkten, haben sich in dem letzten Jahrzehnt in Europa signifikant erhöht. Das Bonitätsurteil der Rating-Agenturen ist für die meisten Investoren zum unerlässlichen Urteilskriterium geworden.[152]

---

[147] Vgl. Brabänder (2008): Die Rolle der Rating-Agenturen, S. 8
[148] Vgl. Büschgen/Everling (2007): Handbuch Rating, S. 700
[149] Vgl. Deutsche Bank: Finanzstabilitätsbericht 2007, S. 22
[150] Vgl. Stellungnahme des ZKA, CESR/08-36, 28.03.2008, S. 8
[151] Vgl. Steiner/Starbatty (2003): Bedeutung von Ratings in der Unternehmensfinanzierung, in: Achtleitner/Everling (Hrsg) Rating Advisory, S. 15

Solide Informationen sind, sowohl auf der Kapitalgeber- als auch auf der Kapitalneh-
merseite, von entscheidender Bedeutung. Die Informationen auf beiden Seiten sind
asymmetrisch verteilt[153]: während der Kapitalnehmer in der Regel einen Informationsvorsprung bezüglich der Schwächen und Stärken sowie Erfolgs- und Risikofaktoren
seines Unternehmens hat[154], steht hingegen der potenzielle Investor vor einer großen
Anzahl von Kapitalnehmern, die ihm die Option zur Investition bieten.[155] Die Vielzahl
der Kapitalnehmer macht eine Detailkenntnis über deren Bonität sehr schwer, zumal die
Informationsansammlung über alle Kapitalnehmer für den Investor betriebswirtschaft-
lich nicht lohnenswert ist. Diese Informationsasymmetrie wird durch ein Rating, das in
einem Symbol zusammengefasst wird, verringert.[156] Auf Seiten des Investors reduziert
das Rating der Agenturen die Unsicherheit und damit verbunden die Kosten.[157]

Im Zeitalter des Internets ist es relativ einfach, zeitgleich detaillierte Informationen über
Emittenten zu erhalten. Doch nicht der Umfang, sondern die Qualität und Aussagekraft
der Informationen ist für Investoren wichtig.[158] Die Agenturen sammeln Informationen
über Emittenten oder Kreditnehmer, z.B. über deren Marktumfeld und die wirtschaftliche Situation und analysieren diese beispielsweise auf künftige Cash Flows oder Ausfallwahrscheinlichkeit von Zahlungen, um Investoren einen Überblick über die Kreditrisiken zu geben.[159] Zum einen dient ihr Bonitätsurteil dem Emittenten, die Kapitalkosten
zu senken, weil durch das Rating größere Anreize bestehen, dessen Wertpapier zu kaufen. Zum anderen liefert ihr standardisiertes und qualitatives Bonitätsurteil eine unver-
bindliche Orientierungshilfe bei Investitionsentscheidungen.[160]

*"The Credit raters hold the key to capital and liquidity, the lifeblood of corporate*
*America and of our capitalist economy."[161]*

---

[152] Vgl. Templin (2009): Credit Ratings, in: Everling/Holschuh/Leker (Hrsg.) Credit Analyst, S. 248

[153] Vgl. Weber/Müller/Sorg (2008), Rating & Controlling, in: Weber (Hrsg) Das Advanced-Controlling-
Handbuch Volume 2 – Richtungsweisende Konzepte, Steuerungssysteme und Instrumente, S. 235

[154] Vgl. Basel Committee on Banking Supervison Working Papers, No. 3 – 08/2000, Credit Rating and
Complementary Sources of Credit Quality Information, S. 11 f.

[155] Vgl. Herfurth (2010): Die Regulierung von Ratingagenturen, S. 66

[156] Vgl. Weber/Müller/Sorg (2008): Rating & Controlling, S. 235

[157] Vgl. Bloss/Ernst/Häcker/Eil (2009): Subprime-Krise, S. 88

[158] Vgl. Holschuh (2009): Funktion und Bedeutung von Shadow-Ratings im Credit Research, in:
Everling/Holschuh/Leker (Hrsg.) Credit Analyst, S. 260

[159] Vgl. Bloss/Ernst/Häcker/Eil (2009): Subprime-Krise, S. 88

[160] Vgl. Gras (2003): The Power to Rate, S. 17

[161] Senator Joe Lieberman in Rahmen einer Anhörung vor dem „Committee on Governmental Affairs" am
20.03.2002, http://hsgac.senate.gov/032002lieberman.htm (03.01.2011).

Die Herabstufung von griechischen Staatsanleihen, die für Griechenland höhere Zinsen bedeuten[162], unterstreicht die Macht der Agenturen, dass ohne ein gutes (hohes) Rating keine erfolgreiche Platzierung einer Anleihe auf dem Kapitalmarkt möglich ist. Es existiert faktisch kein Markt für nicht geratete Titel, der ohne das Gütesiegel einer Rating-Agentur auskommt. Somit ist den Agenturen eine Stellung als *gatekeeper* zuzuschreiben, da sie gemeinsam mit Investmentbanken, Wirtschaftsprüfern und Anwälten entscheiden, wer Zugang zu Kapitalmärkten erhält und wer nicht.[163]

Durch die Indienstnahme des Ratings für Regulierungszwecke seit den 1930er Jahren, besonders ab 1970er Jahren und die Ausweitung auch auf weitere aufsichtsrechtliche Bereiche, nutzen nahezu alle Aufsichtsbehörden und Finanzakteure[164] in den USA die Bonitätsurteile der Rating-Agenturen für ihre Regulierungstätigkeit.[165]

## 3.3 Die Subprime-Krise 2007/08 und die Mängel des Ratings

### 3.3.1 Ein kurzer Überblick über Entstehung und die Ursachen der Finanzkrise

Ausgelöst durch Zahlungsstörungen von Subprime-Kreditnehmern auf einem speziellen Segment des US-amerikanischen Finanzmarkts für verbriefte Hypothekenkredite, hat die sog. Subprime-Krise seit Frühjahr 2007 nicht nur Turbulenzen auf den weltweiten Finanzmärkten ausgelöst; sie hat auch die Weltwirtschaft schwer getroffen und immense Ressourcen vernichtet.[166]

Die dadurch ausgelösten Wertverluste werden laut einem Bericht des Internationalen Währungsfonds bis Ende 2010 auf ca. 3,4 Billionen USD beziffert.[167] Diverse Negativmerkmale der Subprime-Kredite traten in konzentrierter Form auf. Die Kreditvergabe-

---

[162] Vgl. Niederberger (29.04.2010): Griechenland-Krise: Heftige Kritik an den Ratingagenturen, http://bazonline.ch/wirtschaft/konjunktur/GriechenlandKrise-Heftige-Kritik-an-den-Ratingagenturen/story/22450779 (30.04.2011).

[163] Vgl. Eisen (2007): Haftung, S.71

[164] Cantor/Packer (1994): nennen hier das Federal Reserve Board (FRG), Securities and Exchange Commission (SEC), das Office of the Comptroller of the Currency (OCC), den Federal Financial Institutions Examination Council, die National Association of Insurance Commissioners (NAIC) den Kongress und das Labor Department, S. 6f.

[165] Vgl. Gras (2003): The Power to Rate, S. 13

[166] Vgl. Hagedorn (2007): Die Subprime-Krise und ihre Folgen: Turbulenzen an den Finanzmärkten, Die Bank 12/2007, S. 20

[167] Vgl. International Monetary Fund (IMF), Press Points for Chapter 1: Navigating the Financial Challenges Ahead. Global Financial Stability Report (GFSR), Oktober 2009, S. 1

standards wurden extrem gelockert und die Kriterien waren für die bereite Öffentlichkeit verborgen.[168]

Unterstützt wurde dies durch die niedrige Zinspolitik in den USA und die spekulative Annahme, dass die Preise auf dem US-amerikanischen Immobilienmarkt immer weiter steigen würden. Die Banken und weitere Finanzmarktakteure gingen davon aus, dass selbst bei Zahlungsausfällen der Wert der Immobilien die ausbleibenden Kredite decken würde.[169] Diese Subprime-Kredite kamen daher einer Wette auf weiter steigende Immobilienpreise gleich.[170]

Der wesentliche Grund für die immensen Auswirkungen auf die internationalen Märkte lag darin, dass Finanzinstitute, die Hypotheken nicht direkt finanzieren, in großem Umfang Wohnbaukredite zwecks Verbriefung aufgekauft haben.[171] So wurden Kreditrisiken sehr oft erneut tranchiert und durch den sog. *Collateralized Debt Obligations* (CDOs), die oftmals auf den hochriskanten Subprime-Krediten basierten, noch einmal verbrieft und an weite Teile der Finanzmärkte weiterverkauft.[172] Bei CDOs handelt es sich häufig um eine Zweitverbriefung, also die Verbriefung verschiedener Verbriefungspositionen und deren erneute Tranchierung.[173] Dies führte dazu, dass sehr große Forderungspakete entstanden, denen das Verhältnis von Kreditnehmern guter und schlechter Bonität nicht mehr anzusehen war. Dabei kann ein CDO-Produkt aus bis zu 300 ABS bestehen, von denen jedes einzelne selbst oft bis zu 10.000 Einzelkredite beinhalten kann.[174] Durch ihre erneute Strukturierung wurden diese Finanzprodukte als ausfallrisikofrei eingestuft und versprachen zudem höhere Renditen gegenüber dem relativ geringen Zinsniveau von Staatsanleihen.[175] Außerdem konnten Banken durch diese Finanzprodukte Erträge generieren, ohne dabei Eigenkapital im Rahmen der Solvenznormen zu verbrauchen.[176]

---

[168] Vgl. Bechtold (2008): Der deutsche Verbriefungsmarkt und die aktuelle Krise, Kreditwesen 2008, S. 384

[169] Vgl. Syring/Thelen-Pischke (2008): Regulatorische Aufarbeitung der Subprime-Krise, in: Kreditwesen 2008 S. 384

[170] Vgl. Bechtold (2008): Der deutsche Verbriefungsmarkt und die aktuelle Krise, S. 384

[171] Vgl. Klein (2008): Turbulenzen an den internationalen Finanzmärkten - Ursachen, Auswirkungen und Lehren, in: Kreditwesen 2008, S. 81

[172] Vgl. Europäische Kommission, Commission Staff Working Document accopanying the Proposal for a Regulation of The European Parliament and of The Council on Credit Rating Agencies – Impact Assessment, SEC (2008) 2745, 12.11.2008.) S. 57

[173] Vgl. Syring/Thelen-Pischke (2008): in: Kreditwesen 2008, S. 908

[174] Vgl. Bieta/Sewing (2008): Die Stunde der Regulierer - Eine Analyse der Notenbankpolitik mit Hilfe der Spieltheorie, ÖBA 2008, S. 702

[175] Vgl. Pape/Schlecker (2009): Reaktion von Credit Spreads auf Finanzmarktkrisen am Beispiel der Subprime-Krise und der LTCM-Krise, Finanz Betrieb 2009, S. 40

[176] Vgl. Sanio (2008): Giftmüll im internationalen Finanzsystem - Abfuhr tut not, Kreditwesen 2008, S.17

### 3.3.2 Die Rolle der Rating-Agenturen in der Finanzkrise

Die Krise hat viele Akteure und die Rating-Agenturen spielten eine erhebliche Rolle in der Entstehung der Krise. Auch wenn die Krise nicht nur durch Fehlbewertungen von den Agenturen verursacht wurde, so haben sie doch zumindest durch die von ihnen vergebenen Ratings in dem Gebiet zu ihrer Entstehung beigetragen.[177] Die teilweise toxischen (faulen-) Kredite wurden seitens der Agenturen so lange gut bewertet und diese Kredite so lange ausgedehnt, bis diese auf Spekulation basierende Blase aufgrund fehlender Vermögen der Kreditbedienung sowie fallender Immobilienpreise platzte.[178]

Den Agenturen wird hauptsächlich vorgeworfen, die strukturierten Finanzprodukte zu hoch und zu lange gut bewertet zu haben, wobei die Bonitätsurteile nicht die tatsächlichen Risiken dieser Produkte darstellten. Die Finanzkrise hat gezeigt, dass bestimmte strukturierte Finanzprodukte wesentlich risikoreicher waren als andere. Zum Beispiel sind CDOs, die sehr komplex sind, wesentlich anfälliger als einfache ABS Verbriefungen.

Bekanntermaßen ist mit der erneuten Strukturierung ein höheres Ausfallrisiko verbunden, welches auch die oberste Tranche treffen kann. Ein einziges Kreditereignis kann häufig zu einem Totalverlust der nachgeordneten Tranchen führen. Folglich spiegelten die äußerst guten Ratings das diesen Produkten innewohnende Risiko nicht wider.[179]

Die Agenturen vergaben jedoch den Produkten bis zur Krise Bestnoten.[180] So wurden über 80 Prozent dieser Finanzprodukte von den führenden Rating-Agenturen jeweils mit dem Triple A bewertet.[181]

Folglich waren diese Produkte für institutionelle Investoren, wie Versicherungen und Pensionskassen, die nur in Anlagen mit *investment-Grade* investieren dürfen, sehr attraktiv.[182] Die Agenturen unterschätzten schlichtweg das Risiko dieser Produkte erheblich.[183]

Demnach ist nach den Gründen zu fragen, weshalb die Rating-Agenturen das diesen Finanzprodukten implizite Bonitätsrisiko nicht richtig einschätzen konnten. Ein wesent-

---

[177] Vgl. Europäische Kommission, Working Document (2008): S. 57
[178] Vgl. Rosenbaum (2009): Einfluss von Rating-Agenturen, S. 11
[179] Vgl. Syring/Thelen-Pischke (2008): in: Kreditwesen 2008, S. 908
[180] Vgl. Bieta/Sewing (2008): ÖBA 2008 S. 703
[181] Vgl. Europäische Kommission, Working Document (2008): S. 57
[182] Vgl. Pape/Schlecker (2009): Finanz Betrieb 2009, S. 40
[183] Vgl. Cervone (2008): EBLR 2008, S. 839

licher Grund wird darin gesehen, dass für neue und innovative Produkte wie CDOs, keine zuverlässigen Daten vorgelegen haben.[184] Die sehr kurze Informationshistorie stellte sich als zu kurz heraus und konnte keine Basis für eine solide Korrelationsberechnung darstellen.[185] Es stellte sich auch heraus, dass die von Rating-Agenturen verwendeten Bewertungsmethoden für CDOs mit Schwächen behaftet waren, die sich über die ganze Branche zogen.[186] Zugleich sind wesentliche Elemente der zugrunde liegenden Modellannahmen und Modelle für die Investoren nicht nachvollziehbar gewesen.[187]

So haben sich gravierende Mängel auch hinsichtlich der Aktualität und der Berücksichtigung von Marktveränderungen offenbart: Spätestens Herbst 2006 waren steigende Kreditausfälle, folglich auch die Preisumkehr aus dem amerikanischen Wohnungsmarkt erkennbar.[188] Dennoch haben die Agenturen mit einer deutlichen Zeitverzögerung auf die Situation auf dem Verbriefungsmarkt reagiert.[189] Die Rating-Agenturen reagierten erstmals am 10. Juli 2007 und bis dahin versprachen Top-Bewertungen mit „Triple A" noch Stabilität und hohe Gewinne, als ringsum schon das Fundament erodierte.[190]

Insofern müssen sich allen voran die US-amerikanischen Rating-Agenturen, vor deren Nase sich der extreme Wandel auf dem Hypothekenmarkt abgespielt hat, die Frage stellen, wie ihnen diese negativen Entwicklungen verborgen bleiben konnten.[191]

Dabei hätten diese Marktentwicklungen, marktbezogenen Ereignisse sowie gesamtwirtschaftlichen Einflussfaktoren offensichtlich stärker berücksichtigt werden müssen, als dies tatsächlich der Fall war.[192]

Die Agenturen reagierten viel zu spät und haben erst in der Zeit zwischen dem 10. und 12. Juli 2007 begonnen ein paar hundert strukturierte Wertpapiere herabzustufen, und dies gleich um mehrere Rating-Kategorien (Notches).[193]

Folglich haben die Rating-Agenturen zwischen 01.07.2007 und 24.06.2008 145.899 Ratings für strukturierte Finanzprodukte herabgestuft. Zur Illustration der Problematik besonders geeignet scheint dieser gravierende Vergleich mit den Herabstufungen von Unternehmensrating in derselben Zeitspanne: So betrugen diese gerade einmal 1.455.[194]

---

[184] Vgl. Bieta/Sewing (2008): ÖBA 2008, S. 702
[185] Vgl. Brabänder (2008): Die Rolle der Rating-Agenturen, S. 10
[186] Vgl. Cervone (2008): EBLR 2008, S. 841
[187] Vgl. Brabänder (2008): Die Rolle der Rating-Agenturen, S. 10
[188] Vgl. Altenburg (2008: Die Systemkrise der Disintermediation - zu den Herausforderungen eines Paradigmenwechsels, Kreditwesen 2008, S. 170
[189] Vgl. Brabänder (2008): Die Rolle der Rating-Agenturen, S. 10
[190] Vgl. Balzli/Hornig (04.05.2009): Die Krisen-Verschärfer, in :Der Spiegel 19/2009, S. 64
[191] Vgl. Sanio (2008): Kreditwesen 2008, S. 17
[192] Vgl. Brabänder (2008): Die Rolle der Rating-Agenturen, S. 10
[193] Vgl. Brabänder (2008): Die Rolle der Rating-Agenturen, S. 9
[194] Vgl. Europäische Kommission, Working Document (2008): S. 59

Mit Voranschreiten der Finanzkrise haben sich dadurch ganz dramatische Veränderungen in Bezug auf die Konsistenz der Ratings herausgestellt. So rutschten die betroffenen Bonitätsnoten ausnahmslos und mit nervenzerreißender Geschwindigkeit talwärts.[195] Zur Verdeutlichung dient auch die Gegenüberstellung zwischen Herauf- und Herabstufungen der strukturierten Finanzprodukte. So standen im Jahr 2007 am US-amerikanischen Markt Herauf- und Herabstufungen von Rating strukturierter Produkte noch in der Relation 1.532 zu 6.553, doch bereits im 1. Quartals 2008 veränderte sich dieses Verhältnis von 216 zu 8.895.

Diese enormen Herabstufungen weisen darauf hin, dass die bewerteten Finanzprodukte so strukturiert waren, dass diese kaum die benötigten Kriterien für solch hochgradige Ratings erfüllen konnten.[196]

Wenn man all diese Umstände betrachtet, deuten sie auf ein schwerwiegendes Versagen der Ratingagenturen hin. Ihre Rolle als Informationsintermediäre muss daher hinterfragt werden, da sie ihre wirtschaftliche Aufgabe nicht erfüllen konnten. Folglich ist auch die Qualität ihrer Ratings schlagartig zweifelhaft geworden, da sie vor allem die Anforderungen betreffend der Angemessenheit der verwendeten Methoden, Aktualität ihrer Ratings und Berücksichtigung der gravierenden Marktveränderungen nicht berücksichtigt haben.

---

[195] Vgl. Balzli/Hornig (04.05.2009): Der Spiegel 19/2009, S. 66
[196] Vgl. Europäische Kommission, Working Document (2008): S. 59

# 4 Kritikpunkte an der gegenwärtigen Ratingpraxis

„Ohne die Bewertung durch Rating-Agenturen wäre das enorme Wachstum des Marktes für strukturierte Produkte kaum denkbar gewesen".[197]

So hat sich die klassische Rolle der Rating-Agenturen im Zuge des starken Wachstums des Marktes für strukturierte Finanzprodukte in einigen Bereichen signifikant verändert und diverse neue Problematiken aufgeworfen.[198] Aus der öffentlichen Debatte, welche die Rating-Agenturen als mitverantwortlich für die aktuelle Finanzkrise darstellt, entwickelte sich eine intensive Diskussion darüber, ob und falls ja inwieweit die Rating-Agenturen eine Mitschuld an der Finanzkrise tragen. Die Rolle der Rating-Agenturen in der Finanzkrise wurde zuvor in Kapitel 3 behandelt.

Ziel des folgenden zentralen Kapitels ist es, eine kritische Betrachtung der gegenwärtigen Ratingpraxis vorzunehmen, um anschließend damit verbundene Konfliktfelder, wie Marktransparenz, Interessenskonflikte, Gebührenmodell sowie Mangel an Ressourcen, zu beleuchten.

## 4.1 Problemfelder in der Geschäftspraxis der Rating-Agenturen

### 4.1.1 Transparenz

„Das Rampenlicht der Öffentlichkeit ist die einzig verlässliche Sicherung der Qualität und der Integrität des Ratingverfahrens."[199] Jedoch ist diese Behauptung bei der unvollkommenen, oligopolistischen Marktstruktur im Ratingsegment schwer zu belegen.

Das Ziel der Rating-Agenturen sollte es sein, aktuelle Informationen bezüglich des Schuldners zu sammeln, auszuwerten und die Ratingergebnisse zeitnah den Marktteil-

---

[197] Vgl. Sachverständigenrat, Die Finanzmärkte benötigen einen angemessenen Ordnungsrahmen, Auszug aus dem Jahresgutachten 2007/08, S. 159. http://www.sachverständigenrat-wirtschaft.de/fileadmin/dateiablage/download/ziffer/z196_250j07.pdf (08.04.2011).

[198] Vgl. Brabänder (2008): Die Rolle der Rating-Agenturen, S. 10

[199] Vgl. Cantor (2001): Journal of Banking&Finance 2001, S. 181

nehmern zugänglich zu machen.[200] Damit sollen die Agenturen dazu beisteuern, den „Nebel der asymmetrischen Information zu durchdringen und zu reduzieren", um dadurch die Markttransparenz zu erhöhen und dem Anlegerschutz zu dienen.[201] Doch eines der Hauptprobleme des Ratings liegt in der mangelnden Transparenz bei der ratingrelevanten Informationsbeschaffung.[202] Die Rating-Agenturen sind bei der Informationsbeschaffung mit dem gleichen Problem konfrontiert wie Kreditnehmer oder auch Kreditgeber. Das liegt an dem hier analog anwendbaren, von Akerlof bekannten, „adverse selection theory"-Problem, wonach Kreditnehmer dazu neigen, jene Informationen, insbesondere Zahlen, des zu beurteilenden Unternehmens zurückzuhalten, zu verharmlosen, zu spät oder gar nicht veröffentlichen, die für sie einen wirschaftlichen Nachteil mit sich bringen würden, da ein höheres Bonitätsrisiko einen höheren Kreditzins zur Folge haben würde.[203]

Im Umkehrschluss sind auch Rating-Agenturen in ähnlicher Weise von der Problematik betroffen, da sie durch diverse Regelwerke und öffentlichen Druck heraus aufgefordert sind ihre Bewertungsmodelle öffentlich zugänglich zu machen, um mehr Transparenz zu schaffen. Jedoch könnte ein hohes Maß an Tranzparenz den Rating-Agenturen zum Verhängnis werden, wenn die zu bewertenden Emittenten die Bewertungsmodelle der Agenturen zu genau kennen und einen Mitarbeiter erwerben, der zuvor in der Strukturierungsphase beteiligt war.[204] So wurden Fälle bekannt, bei denen Mitarbeiter von Rating-Agenturen durch Investmenthäuser und Kreditinstitute angeheuert worden sind, um zu bewertende Hypothekenpapiere so zu strukturieren, dass sie dadurch gute Bonitätsbewertungen bekamen.[205]

Da sich die Ratinganalysen bei strukturierten Finanzprodukten wie MBS oder CDOs vergleichsweise auf wenige historische Daten stützen[206] und dadurch wesentliche Informationen fehlen, können nur vage Prognosen bezüglich ihrer Risikoeinschätzung gemacht werden.[207] Das Rating dieser Produkte basiert auf mathematisch-statistischen Modellen, deren Ratingergebnisse wesentlich von Hypothesen bezüglich der Ausfallwahrscheinlichkeit einzelner Assets und deren Korrelationen untereinander abhängen.[208] Dabei werden Annahmen aus historischen Entwicklungen und aus ökonomischen Mo-

---

[200] Vgl. Bastürk (2009): Rating-Agenturen, ihre Methoden und Risikobewertungen, in: Elschen/Lieven (Hrsg), Der Werdegang der Krise – Von der Subprime- zur Systemkrise, S. 107

[201] Vgl. Gras (2003): The Power, S. 20.

[202] Vgl. Wappenschmidt (2008): Ratinganalyse durch internationale Ratingagenturen, S. 26

[203] Vgl. Wappenschmidt (2008): Ratinganalyse durch internationale Ratingagenturen, S. 26

[204] Vgl. Stellungnahme des ZKA, CESR/08-36, 28.03.2008, S. 9

[205] Vgl. o.V., Ratinagenturen – US-Behörden ermitteln wegen Irreführung gegen Deutsche Bank, http://www.zeit.de/wirtschaft/2010-05/banken-rating-agenturen (09.04.2011).

[206] Vgl. Bastürk (2009): Rating-Agenturen, S. 107

[207] Vgl. Bloss/Ernst/Häcker/Eil (2009): Subprime-Krise, S. 105

[208] Vgl. Brabänder (2008): Die Rolle der Rating-Agenturen, S. 9

dellen gebildet.[209] Die begrenzte Masse an Vergangenheitsdaten, von nur fünf Jahren, führte zu falschen Annahmen, da die veränderten externen Faktoren nicht vollständig und vor allem nicht zeitnah Berücksichtigung fanden.[210] Zum einen stellen die strukturierten Finanzprodukte und Subprime-Kredite relativ neue Erscheinungsformen dar, die sehr komplex sind. Zum anderen basieren die genutzten mathematisch-statistischen Modelle auf relativ kurzen und unzuverlässigen Daten. Bis zur Entstehung der Subprimekrise 2007/08 lagen nur wenige historische und verlässliche Daten vor, die aber für solide Korrelationsberechnung unabdingbar sind.[211]

Ferner ist zu bemängeln, dass innerhalb einer Rating-Agentur teilweise dieselben Ratings für unterschiedliche Produkte benutzt werden, denen aber nicht identische Ausfallwahrscheinlichkeiten zugrunde liegen, was wiederum die Beurteilung in der Praxis erschwert.[212] Nach Auffassung der Europäischen Kommission haben die Rating-Agenturen die Krisensignale zu spät dem Marktteilnehmer kommuniziert und dabei Kreditrisiken bei strukturierten Finanzprodukten unterschätzt.[213]

### 4.1.2 Interessenskonflikte

Ein wichtiger Grund für den Vertrauensverlust in Rating-Agenturen resultiert aus dem „ *Issuer-Pays-Modell*",[214] da sich die Agenturen, im Falle von *solicited ratings*, durch die Gebührenzahlungen der freiwillig bewerteten Emittenten finanzieren, die ihrerseits an einer guten Bewertung interessiert sind.[215]

Aus den Entwicklungen der letzten Jahre ist zu beobachten, dass die Bonitätsbewertungen der strukturierten Finanzprodukte zu günstig ausgefallen sind. Einerseits könnte dies an den angewandten Bewertungsmodellen (vgl. Abschnitt 4.1) liegen, die bei den genannten neuartigen Finanzprodukten nicht ausreichende und solide Vergangenheitsdaten für die Erfassung der Ausfallwahrscheinlichkeit darbieten. Andererseits könnte

---

[209] Vgl. Stellungnahme des ZKA, CESR/08-36, 28.03.2008, S. 3

[210] Vgl. Bastürk (2009): Rating-Agenturen, S. 107

[211] Vgl. Sachverständigenrat zur Begutachtung der gesamtwirtschaftlichen Entwicklung 2008, S. 115

[212] Vgl. Stellungnahme des ZKA, CESR/08-36, 28.03.2008, S. 3

[213] Vgl. BDI – Bundesverband der Deutschen Industrie, Beaufsichtigung von Ratingagenturen, http://www.bdi.eu/Beaufsichtigung-von-Ratingagenturen.htm (11.04.2011).

[214] Es gibt im Wesentlichen zwei Modelle, nach denen Ratingagenturen derzeit arbeiten. Im ersten Modell (Issuer-Pays-Modell) ist es der Emittent, der die Ratingagentur mit der Erstellung eines Ratings beauftragt und die Ratingagentur auch bezahlt. Im zweiten Modell (investor-pays-model) werden die Ratingagenturen von bestehenden oder potentiellen Investoren bezahlt: European Commission - MEMO/08/691, Ratingagenturen: Häufig gestellte Fragen (FAQ), 12. November 2008, Word.doc. S. 10

[215] Vgl. Rosenbaum (2009): Einfluss von Rating-Agenturen, S. 33

eine möglicherweise bewusst zu unkritische Ratinganalyse zu den Ergebnissen bei der Fehlbewertung geführt haben. [216]

Rating-Agenturen sind auf Gewinnmaximierung ausgerichtete Institutionen, die mit anderen Agenturen in Wettbewerb stehen und ihre Einnahmen größtenteils aus der Bewertung für die strukturierten Produkte erzielen.[217] So betrug der Anteil an den Umsätzen der Rating-Agenturen, der durch die Bewertung von strukturierten Finanzprodukten erwirtschaftet wurde, z.T. über 50 Prozent des Gesamtumsatzes.[218] Obgleich die Gebührenzahlungen für die Ratingerstellung durch den Schuldner erfolgen und diese an gute Bonitätsurteile interessiert sind, werden die Ratings primär von Kapitalgebern bzw. Investoren genutzt, die ihrerseits auf unabhängige und bewährte Analysen vertrauen.[219] Die Dreieckbeziehung ist demzufolge den möglichen Interessenskonflikten ausgesetzt, welche Anreize für opportunistisches und fahrlässiges Verhalten *(moral hazard)* nicht ausschließen kann.[220]

Die Dreieckbeziehung von Kapitalnehmer, Rating-Agentur und Kapitalgeber, die den möglichen Interessenkonflikten ausgesetzt ist, kann hier anhand von analog anwendbaren zweistufigen[221] Prinzipal-Agent-Beziehung erklärt werden.[222] „Die Ratingagentur wird zum Agent des Kapitalgebers als Principal, der von dieser eine Minderung der Schädigungsmöglichkeiten des Kapitalnehmers erhofft. Die Rating-Agentur wird ihrerseits zum Principal des Kapitalnehmers, da sie von ihm vollständige und richtige Informationen erhalten will, um ihrer Funktion als Informationsversorger ihres Prinzipal gerecht zu werden.“[223]

Als Nutzenmaximierer haben sowohl der Emittent als auch der Investor gegensätzliche Erwartungshaltungen, was das Ergebnis des Bonitätsurteils betrifft. Der Emittent erstrebt ein möglichst positives Bonitätsurteil für jede Tranche in der Verbriefungstransaktion, um den an den Investor zu zahlenden Spread so gering wie möglich zu halten.[224] Demgegenüber hat der Investor ein großes Interesse an einer möglichst objektiven und

---

[216] Vgl. Sachverständigenrat: Die treibenden Kräfte der Finanzkrise, 20008, S. 120 f.

[217] Vgl. Heinke (2000): Der Signal- und Zertifizierungswert von Credit Ratings am Euromarkt, S. 318

[218] Vgl. Bastürk (2009): Rating-Agenturen, S. 108

[219] Vgl. Bloss/Ernst/Häcker/Eil (2009): Subprime-Krise, S. 100

[220] Vgl. Gras (2003): The Power, S. 21

[221] Vgl. zu einstufigen Prinzipal-Agent-Theorie in Abschnitt 2.1.2.1

[222] Vgl. Rosenbaum (2004): Der Einsatz von Rating-Agenturen zur Kapitalmarktregulierung in den USA: Ursachen und Konsequenzen, S. 6

[223] Vgl. Heinke (2000): Der Signal- und Zertifizierungswert von Credit Ratings am Euromarkt, S. 319

[224] Vgl. Morkötter/Westerfeld (2008): Asset Securitisation: Die Geschäftsmodelle von Ratingagenturen im Spannungsfeld einer Principal-Agent-Betrachtung, in: Zeitschrift für das gesamte Kreditwesen 09/2008, S. 395

konservativen Bewertung, um möglichst hohe Zinsen auf das eingesetzte Kapital zu erzielen, welches eine höhere Rendite für ihn bedeuten würde.[225]

Die strukturierten Finanzprodukte erfordern einen komplizierten Ratingprozess und bringen daher zwei- bis dreimal höhere Gewinnmargen für die Agenturen ein als die herkömmlichen Bonitätsurteile.[226] Die Höhe der Gebühren für ABS-Emissionen, die durch Emittenten erbracht werden, liegt zwischen 0,07% und 0,12% des Emissionsvolumens.[227] Wenn man bedenkt, dass 90% der Verbriefungstransaktionen auf dem ABS-Markt von lediglich 12 Arrangeuren (meist Investmentbanken) getätigt werden[228], so könnte ein – aus Emittentensicht – zu strenges Vorgehen bei der Bonitätseinschätzung für die bewertende Rating-Agentur Umsatzeinbußen zur Folge haben.[229]

Zu dem zurecht kritisch zu betrachtenden Bezahlmodell kommt hinzu, dass die Rating-Agenturen in dem Ratingprozess beratend involviert sind. Die Agenturen bieten neben ihrem Hauptprodukt Ratingerstellung zusätzlich entgeltliche Beratungsdienstleistungen an. Zum einen berieten sie die Emittenten, wie sie ihre Finanzprodukte zusammenstellen sollten, damit diese die höchste Bonitätsstufe erreichten.[230] Zum anderen nahmen die Agenturen die Bewertung dieser Finanzprodukte selbst vor. Die Agenturen „schraubten" auf Anregung der Banken regelmäßig an ihrem Berechnungsmodell, damit die Tranchen das gewünschte Ergebnis lieferten.[231] So zeigte ein Untersuchungsausschuss des US-Senats, dass die Agenturen ihr Bewertungsmodell den Wallstreet-Banken zugänglich gemacht hatten, was diesen erlaubte, Ramschpapiere so zusammenzuschustern, dass sie ein Top-Rating erhielten.[232] Die Doppelfunktion als Berater und Beurteiler stellt eines der Hauptprobleme der Rating-Agenturen dar.[233]

Ein weiterer Kritikpunkt bei der sog. *„Issuer-Pays-Modell"* betrifft die Abhängigkeit der Agenturen und die Gefahr des daraus resultierenden „Rating-Shopping". Die Kreditnehmer würden sich für diejenige Agentur entscheiden, die sie besonders gut bewerten, da die Kapitalnehmer stets Interesse an einer guten Bewertung haben. Die Agentu-

---

[225] Vgl. Rosenbaum (2004): Der Einsatz von Rating-Agenturen, S. 7

[226] Vgl. Bastürk (2009): Rating-Agenturen, S. 108

[227] Vgl. Siddiqui/Seckelmann (2009): Der Subprime-Kollaps, in: dms 2009, S. 144

[228] Vgl. Securities and Exchange Commission (SEC) (2008): Summary Report of Issues Identified in the Commission Staff's Examinations of Select Credit Rating Agencies, S. 32

[229] Vgl. Siddiqui/Seckelmann (2009): Der Subprime-Kollaps, in: dms 2009, S. 144

[230] Vgl. Klein (2008): Turbulenzen an den internationalen Finanzmärkten-Ursachen, S. 83

[231] Vgl. Rudolph (2008): Lehren aus den Ursachen und dem Verlauf der internationalen Finanzkrise, in: ZfbF 2008, S. 737

[232] Vgl. Niederberger (2010): Griechenland-Krise: Heftige Kritik an den Ratingagenturen, in: BaZ.

[233] Vgl. Klein (2008): Turbulenzen an den internationalen Finanzmärkten-Ursachen, S. 83

ren wiederum hätten einen Anreiz, das Bonitätsrisiko herunterzuspielen, um die Aufträge zu erhalten. [234] Laut der Aussage eines im Rahmen einer Anhörung in Washington befragten Zeugen soll bei Goldmann Sachs eine Person existiert haben, deren brisanteste Aufgabe darin bestand, Rating-Arbitrage zu betreiben, d.h. die Rating-Agenturen gegeneinander auszuspielen.[235] Da der Emittent die Veröffentlichung des Ratingergebnisses untersagen kann, wenn ihm die Note nicht gefällt, kann er sich von einer anderen Agentur prüfen lassen, bis er das gewünschte Zielrating erhalten hat.[236]

Der Verfasser ist jedoch der Meinung, dass Ratings unabhängig und unbeeinflusst von solchen ökonomischen Interessen erstellt werden müssen. Trotz diesen Defiziten und Interessenskonflikten gelten die Rating-Agenturen als relativ unbestechlich und verschwiegen.[237] Dennoch bleiben angesichts des Verhaltens in der derzeitigen Finanzkrise und vorherigen Asienkrise große Zweifel an der Qualität und Objektivität ihrer Ratings.[238]

### 4.1.3 Mangel an Ressourcen

Angesichts der enormen Wachstumsraten der Finanzinnovationen innerhalb der letzten zehn Jahre wird von einigen Autoren und Marktteilnehmern zurecht Kritik geäußert, dass Rating-Agenturen zu wenig adäquat ausgebildetes Personal für die Bewertung dieser Produkte eingesetzt haben.[239] Abbildung 3 verdeutlicht, dass sowohl Emissionsvolumen für Hypothekardarlehen und CDO-Produkte als auch die damit erzielten Umsätze zwischen 2002 und 2007 rasant gestiegen sind. Abbildung 3 verdeutlicht auch, dass zwar die Zahl der Analysten zunahm, allerdings entspricht die Aufstockung des Personals nicht dem prozentualen Anstieg des Transaktionsvolumens.

---

[234] Vgl. Rosenbaum (2009): Einfluss von Rating-Agenturen, S. 33

[235] Vgl. Gras (2003): The Power, S. 29

[236] Vgl. Rudolph, B., Lehren aus den Ursachen und dem Verlauf der internationalen Finanzkrise, in: Zeitschrift für betriebswirtschaftliche Forschung, 60. Jg. Nr. 11 (2008), S. 713–741., S. 738

[237] Vgl. Kniese (1996): Rating-Analyse, S. 72

[238] Vgl. Hagedorn (2007): Die Subprime-Krise und ihre Folgen, S. 26

[239] Vgl. Rom (2009): The Credit Rating Agencies and the Subprime Mess: Greedy, Ignorant, and Stressed?, in: Public Administration Review, Vol. 69 (2009), S. 647 f; Bastürk (2009): Rating-Agenturen, S. 107

Abbildung 3: Prozentuale Veränderung der CDO-Umsätze, gerateten Transaktionen und der Anzahl der CDO-Analysten für den Zeitraum 2003-2007

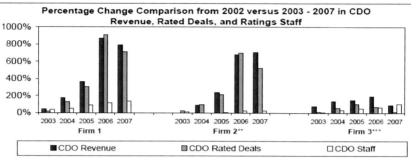

** Firm 2 did not provide 2002 CDO revenue data. Therefore, the CDO revenue percentage change is based upon the 2003 balance as opposed to 2002.

*** Firm 3 provided 9 months of CDO revenue for 2006. Therefore, 12 months of estimated 2006 revenue was extrapolated for CDO by multiplying 9 months of revenue by 1.3.

Quelle: SEC (2008): SEC - Summary Report, S. 11.[240]

Um mit der rasanten Innovation- und Wachstumsgeschwindigkeit im Bereich der strukturierten Finanzprodukte Schritt zu halten, müssen die Agenturen das Human Ressource aufstocken und ggf. Fortbildungsmaßnahmen ergreifen.[241] In Hinblick auf dieser Entwicklung nimmt man an, dass die Analysten der Agenturen mit der rasanten Ausweitung am Verbriefungsmarkt schlichtweg überfordert waren. Ferner konnte das neueingestellte Personal nicht ausreichend Erfahrung im Bereich strukturierter Produkte aufweisen und zudem führte die hohe Personalfluktuation bei der starken Expansion am Verbriefungsmarkt zu Engpässen.[242] Es waren gängige Praktika, dass dieselben Analysten, die bei Strukturierung von Verbriefungen mitgewirkt haben, diese später auch geratet haben. Zwei führenden Agenturen wird vorgeworfen, dass deren Personal den Anforderungen der CDO-Ratings nicht im erforderlichen Maß gewachsen sei. Ein Mitarbeiter stellt kurz und prägnant fest: „too much work, not enough people, pressure from company, quite a bit of turnover and no coordination of the non deal stuff…".[243]

Diesbezüglich sind die von der SEC unterbreiteten Vorschläge, die darauf zielen, ausreichende Personalkapazitäten bei den Agenturen zu schaffen, positiv zu bewerten. Diese sollen sowohl mengenmäßig als auch qualitativ in der Lage sein, auf Marktentwicklungen zu reagieren und bestehende Produkte zu überwachen, die komplexen Rating-

---

[240] Zwar ist im SEC-Report nicht angegeben welche Agenturen sich hinter jeweiligen Unternehmen verbergen, so kann es davon ausgegangen werden, dass die Firmen 1 und 2 Moody's und S&P darstellen, während Firma 3 für Fitch steht: Vgl. Rom, M.C. (2009), S. 648

[241] Vgl. Bastürk (2009): Rating-Agenturen, S. 107

[242] Vgl. Rom (2009): The Credit Rating Agencies, S. 647

[243] Vgl. Securities and Exchange Commission (SEC) (2008): Summary Report, S. 12

modelle inklusive ihrer Hypothesen zu verstehen und genau anzuwenden. Es wurde von den als NRSRO registrierten Agenturen zugesichert, alle Empfehlungen auch umzusetzen.[244]

### 4.1.4 Die Oligopolstruktur der Rating-Industrie

Wie bereits in Abschnitt 2.2.2 dieser Arbeit dargelegt wurde, weist der globale Kreditmarkt mit wenigen großen Anbietern und unvollständigem Wettbewerb auf dem Markt oligopolistische Strukturen auf.[245] Ein oligopolistischer Markt ist dadurch charakterisiert, dass nur wenige Anbieter auf dem Markt für Ratings vorhanden sind, die sich einer relativ schwachen Konkurrenz durch eine größere Anzahl kleinerer Anbieter für Ratings ausgesetzt sehen.[246] Zwar ist die Anzahl der Rating-Agenturen – aufgrund der Nachfragesteigerung nach Ratings und deren Bedeutungzuwachses – in den letzten zwei Jahrzehnten weltweit permanent gestiegen.[247] Dennoch wird der Markt nach wie vor von S&P, Moody's und Fitch Ratings mit einer klaren Dominanz von erstgenannten zwei de facto vollständig beherrscht.[248] Diese multinationalen „großen drei" Agenturen teilen sich die Ratingbranche zu 95 Prozent unter sich auf, welches in Abbildung 4 anschaulich dargestellt ist.

Abbildung 4: Prozentuale Aufteilung des Ratingmarkts

## Marktanteil in %

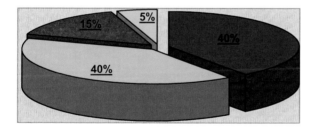

Quelle: Eigene Darstellung in Anlehnung an Krätke, Michael (20.09.2007): Ratingagenturen bestimmen über die Bonität von Unternehmen und Krediten.

---

[244] Vgl. Securities and Exchange Commission (SEC) (2008): Summary Report, S. 12
[245] Vgl. Sachverständigenrat: Die treibenden Kräfte der Finanzkrise, 20008, S. 160
[246] Vgl. Everling/Trieu (2007): Ratingagenturen, in: Büschgen/Everling, S. 98
[247] Vgl. Emmenegger (2006): Die Regulierung von Rating-Agenturen, in: SZW/RSDA 1/2006, S. 35
[248] Vgl. Gras (2003): The Power, S. 15

Dass es zu einer Oligopolstruktur des Marktes kommen konnte, wird maßgeblich an zwei Faktoren festgemacht. Zum einen weisen die drei bekannten Agenturen eine sehr lange Erfahrung auf, welche für die hohe Bedeutung ihrer Reputation[249] spricht.[250] Ein Emittent fragt nur dann nach einem Rating, wenn er damit ein überzeugendes Signal an mögliche Investoren richten kann, dass mit dem Rating das Bonitätsrisiko der Anlage sorgfältig wiedergegeben wird.[251] Diesem Signal schenken die Investoren nur Glauben, wenn sie überzeugt sind, dass die Analyse gründlich gemacht wurde. Das Rating einer etablierten Rating-Agentur mit hoher Markttransparenz ist wertvoller als von einem Neueinsteiger in dem Geschäft, der keine Zuverlässigkeit signalisiert und damit Schwierigkeiten hat, sich am Markt zu behaupten.[252] Demnach kann die Reputation eine natürliche Markteintrittsbarriere des Rating-Geschäfts darstellen. Um ein Gegengewicht zu den drei etablierten Agenturen zu schaffen, um genau dieses Problem zu lösen, wird seit längerem über die Gründung einer europäischen Rating-Agentur nachgedacht.[253]

Zum anderen kann die Indienstnahme von Ratings zu Regulierungszwecken und die damit verbundenen Marktzugangsbeschränkungen als eine weitere Ursache des Oligopols angesehen werden.[254] Wie nachfolgend in Kapitel 5 ausführlich dargestellt wird, ist es in den Vereinigten Staaten erforderlich, dass die Agenturen als *Nationally Recognized Statistical Rating Organization* zugelassen sind (NRSRO in den USA und ECAI für Basel II), damit deren Ratings für die Regulierungszwecke Verwendung finden.[255] Die Agenturen müssen als NRSRO anerkannt sein, damit ihre Bonitätsurteile zu den aufsichtrechtlichen Pflichten (bspw. was Portfolios von Fonds von Banken oder öffentliche Institutionen anbetrifft) herangezogen werden können. Nach den Richtlinien von SEC dürfen aber nur solche Agenturen als NRSROs anerkannt werden, deren Ratings zuvor verlässlich waren und von den Marktteilnehmern Akzeptanz gefunden haben.[256] Folglich stellen diese Regelwerke eine erhebliche Marktzugangsbarriere dar, die die Marktmacht der Oligopolisten quasi zementiert.[257] Zwar wurde die Situation durch neue Regelungen (siehe Abschnitt 5.1.2 „Credit Rating Agency Reform Act of 2006")

---

[249] „Unter Reputation ist allgemein die auf Basis von Vergangenheitserfahrungen gebildete Erwartung eines Akteurs bezüglich ihm verborgener Eigenschaften oder Verhaltensmerkmale eines potenziellen Partners zu verstehen.; Vgl. Wappenschmidt (2008): Ratinganalyse durch internationale Ratingagenturen, S. 36

[250] Vgl. Rosenbaum (2009): Einfluss von Rating-Agenturen, S. 34

[251] Vgl. White (2001): The Credit Rating Industry: An Industrial Organization Analysis, New York, S. 4, http://papers.ssrn.com/sol3/papers.cfm?abstract_id=267083#PaperDownload, (18.04.2011).

[252] Vgl. Rosenbaum (2009): Einfluss von Rating-Agenturen, S. 34

[253] Vgl. o.V. Manager Magazin (01.06.2010) , Braucht Europa eine eigene Ratingagentur?, http://www.manager-magazin.de/finanzen/artikel/0,2828,697925,00.html (19.04.2011).

[254] Vgl. Rosenbaum (2009): Einfluss von Rating-Agenturen , S. 34

[255] Vgl. Sachverständigenrat: Die treibenden Kräfte der Finanzkrise, 20008, S. 160

[256] Vgl. Rosenbaum (2004): Der Einsatz von Rating-Agenturen, S. 21

und die Aufnahme neuer Agenturen als NRSRO leicht verbessert, doch es wird noch einige Zeit dauern, bis die Marktneulinge richtig Fuß fassen können.

Der Mangel an Wettbewerb veranlasste die Agenturen dazu nicht nur fahrlässig in ihren Prozessen zu werden, er ist auch Grund dafür, dass sie z.B. unbeauftragte Bonitätsbewertungen anfertigen, um Druck auf die Kapitalnehmer auszuüben. Sie haben in der Vergangenheit damit begonnen, indirekt eine Rolle in der öffentlichen Politik zu spielen, indem sie gedroht haben, gewisse Wertpapiere herabzustufen oder sie gar nicht mehr zu raten, wenn ihnen bestimmte Gesetzgebungen nicht gepasst haben.[258]

Es ist festzuhalten, dass viele Faktoren die oligopolistische Marktmacht begünstigen, wie z.B. Intransparenz der Ratingurteile hinsichtlich der verwendeten qualitativen Faktoren und deren Gewichtung, natürliche (z.B. Reputation) und regulatorische Marktzugangsbarrieren, sowie Haftbarkeit der Agenturen. Das Zusammentreffen der zuletzt genannten Einflüsse ermöglicht den Rating-Agenturen die Gelegenheit des sanktionslosen Machtmissbrauchs, der dann zu Lasten des Marktteilnehmers geht.[259]

## 4.2 Die Optimierungsmöglichkeiten des Rating-Prozesses

### 4.2.1 Transparenz

Die Rating-Agenturen haben bei der Bewertung von Ausfallrisiken eine fundamentale Funktion inne: Sie sind gefordert, auch durch die neuen Regelungen nach der Krise, die Bewertung transparenter zu machen, um den an sie gestellten Anforderungen auch gerecht zu werden.[260] Eine der möglichen Maßnahmen könnte darin bestehen, den Wettbewerb unter den Agenturen zu fördern, um dadurch die Markttransparenz zu erhöhen und Interessenskonflikte zu minimieren.[261] Daher sind die von der SEC und Rating-VO diesbezüglich eingeleiteten Regelungen, Markteintrittsbarrieren zu reduzieren, zu begrüßen.

Als Reaktion auf die Krise wurde sowohl von politischer Seite als auch von Experten oft und spontan mehr Transparenz gefordert. Was plausibel klingt, wurde nicht konkretisiert. Wie zuvor festgestellt wurde, haben die Finanzprodukte in den letzten zwei Jahr-

---

[257] Vgl. White (04/2009): The Credit Rating Agencies: Understanding Their Central Role in the Subprime Debacle of 2007-2008, http://papers.ssrn.com/sol3/papers.cfm?abstract_id=1434483 (19.04.2011)

[258] Vgl. Bloss/Ernst/Häcker/Eil (2009): Subprime-Krise, S. 101

[259] Vgl. Peters (2001): Die Haftung, S. 155 ff.

[260] Vgl. Müller (2008): Modernisierung des deutschen Bankenmarktes gehört auf die politische Agenda, in: Börsen-Zeitung, Nr. 135/2008, S. 6

zehnten deutlich an Komplexität gewonnen. Die Folge war, dass die Anleger und zunehmend auch die institutionellen Investoren dazu tendierten, bankbetriebswirtschaftlichen Sachverstand durch Glauben an mathematische Ratingmodelle und Ratings zu ersetzten. Insofern ist eine Vereinfachung von strukturierten Finanzinstrumenten, die vor allem für das Verständnis der Anleger von größter Wichtigkeit sind, in Betracht zu ziehen. Ferner ist es empfehlenswert, dass die Anleger nur in die Finanzprodukte investieren, die sie auch verstehen und deren Chancen-/Risikoprofilen sie abschätzen können und nicht nur auf die Ratingurteile der Agenturen zu vertrauen.[262]

Ein weiteres schwerwiegendes Problem liegt in der Unzulänglichkeit und fehlenden Objektivität der Urteilskriterien: Die Agenturen legen üblicherweise, bedingt durch die Offenlegungspflichten, nur ihre Ratingkriterien offen, jedoch nicht die Verknüpfung bzw. Berechnungsformel, die sämtliche quantitative und qualitative Daten enthalten.[263] Diese Kriterien und der Bewertungsschlüssel, die letztendlich zu dem Ratingergebnis führen, sind für das Verständnis und Nachvollziehbarkeit der Investoren äußerst wichtig. Folglich sollten die Rating-Agenturen durch neue regulatorische Maßnahmen aufgefordert werden, die wichtigsten Schlüsselelemente und die dem Rating zugrunde liegenden Annahmen offen zu legen und diese zudem auch zu erläutern.[264] Bekanntermaßen kann eine hohe Qualität der Ratings nur erreicht werden, wenn die angewandten Methoden stabil und für die Nutzer verständlich sind.[265] Daher ist es unerlässlich, dass die Rating-Agenturen genauere Angaben über die den Berechnungsmethoden von Ausfallwahrscheinlichkeiten zugrunde liegenden Hypothesen, die angenommenen Korrelationen zwischen den ABS-Tranchen des verbrieften Portfolios sowie die daraus resultierenden Konsequenzen für unterschiedlichen Szenarien für das Rating bereit stellen.[266]

Ferner sollten die Rating-Agenturen dazu bewegt werden, die wichtigsten Eigenschaften sowie Grenzen von Ratings ausführlich nach außen zu kommunizieren. Dazu gehört, dass sie die Aussagekraft der Ratings hinsichtlich der Ausfallwahrscheinlichkeit oder dem erwarteten Verlust, den angenommen Zeithorizont sowie die Definition des Ausfalls deutlich kennzeichnen.[267] Abschließend wird in Hinblick auf die Verbesserung der

---

[261] Vgl. Gärtner (2007): Ratingagenturen: Vorauseilende Reformen, in: Sparkasse, Nr. 10/2007, S. 24

[262] Vgl. Kölbach/Macke/Schönwitz (2009): Krisenmanagement und Krisenprävention Eine Analyse des Umgangs mit der Finanz- und Wirtschaftskrise, in: ZfdK 01/2009, S. 7

[263] Wieben (2004): Credit Rating, S. 236

[264] Everling/Trieu (2007): Ratingagenturen, in: Büschgen/Everling, S. 106; Vgl. Cervone (2008): EBLR 2008, S. 873

[265] Vgl. The Committee of European Securities Regulators: CESR/04-612b, Consultative Paper 2004, Rz 104

[266] Vgl. Stellungnahme des ZKA, CESR/08-36, 28.03.2008, S. 8

[267] Vgl. Weber, M (2008): Lehren aus den Finanzmarktturbulenzen. Positionen des Bankverbandes, S. 61

Transparenz eine alternative Rating-Skala für strukturierte Finanzinstrumente oder zusätzliche Symbole für Skalen dieser Produkte für sinnvoll gesehen.[268]

## 4.2.2 Interessenskonflikte

Wenn die Rating-Agenturen das Vertrauen der Marktteilnehmer wieder gewinnen und ihre schwer geschädigte Reputation sicherstellen wollen, müssen sie in erster Linie die beschriebenen Interessenskonflikte minimieren. Dazu ist es notwendig, bei der Verbriefung strukturierter Finanzprodukte eine klare Trennung zwischen Rating und sonstigen Dienstleistungen, die von den Agenturen erbracht werden, durchzuziehen.[269] Dazu könnte die Vorgehensweise wie bei einer Wirtschaftsprüfung, die Trennung von Wirtschaftsprüfung und Beratung, als Vorbild dienen. Hingegen dient die frühzeitige Einbeziehung des Ratinganalysten in den Ratingprozess dem ausführlichen Verständnis für die Konstellation des Produktes. Durch die Abspaltung der Beratertätigkeit kann die Verteilung der Informationssymmetrie zum Nachteil der Investoren gestärkt werden, ohne aber das eigentliche Problem zu lösen.[270] Bei dem Ratingprozess der strukturierten Produkte ist ein Abstimmungsprozess zwischen Emittent und Rating-Agentur unumgänglich, da es sich dabei stets um einen iterativen Prozess handelt. Die Rating-Agentur muss dem Emittenten die Informationen über die Rating-Konsequenzen einzelner Portfoliostrukturen bzw. Tranchierungen mitteilen, bevor diese eine endgültige Entscheidung über sein künftiges Produkt fällt. Diesbezüglich muss eine Balance gefunden und in IOSCO-Kodex (*The International Organisation of Securities Commissions*) festgelegt werden, welche Informationen von den Agenturen geboten werden können, ohne dass dies als Beratung einzustufen ist.[271]

Darüber hinaus besteht das Risiko eines Interessenskonflikts, da die Agenturen, bedingt durch ihr Gebührenmodell, ein Interesse an einem möglichst großen Emissionsvolumen strukturierter Finanzprodukte haben.[272] Zudem werden die Emittenten strukturierter Finanzprodukte von den Agenturen zunächst beraten und bewertet, dann noch von ihnen bezahlt.[273] Als denkbare Lösung könnte das Gebührenmodell geändert werden, dass die Agenturen künftig wieder von Investoren bezahlt werden. Dies könnte jedoch zur Folge haben, dass die Agenturen die Emittenten sowie Emissionen negativer bewerten und damit den Anlegern Vorteile verschaffen. Bekanntlich bedeuten niedrigere Ratings, einen höheren Risikoaufschlag für Emittenten, den er in Form von höheren Zinsen an

---

[268] Vgl. Brabänder (2008): Die Rolle der Rating-Agenturen, S. 12

[269] Vgl. Weber (2008): Lehren aus den Finanzmarktturbulenzen, S. IV

[270] Vgl. Morkötter/Westerfeld (2008): Asset Securitisation, in: ZKW, 9/2008, S. 396

[271] Vgl. Weber (2008): Lehren aus den Finanzmarktturbulenzen, S. 61

[272] Vgl. Stellungnahme des ZKA, CESR/08-36, 28.03.2008, S. 8

[273] Vgl. Kölbach/Macke/Schönwitz (2009): in: ZfdK 01/2009, S. 7

die Anleger zahlen muss.[274] Überdies verbirgt das vorgeschlagene Gebührenmodell die Gefahr, dass dadurch die Ratinginformationen zu privaten Informationsgütern für wenige werden, welches mit einem Verlust der Markttransparenz einhergeht.[275]

Grundsätzlich besteht unter jedem vorgeschlagenem Geschäftsmodell das Risiko eines Interessenskonflikts, es liegen jedoch keine konkreten Erkenntnisse vor, dass die Rating-Agenturen im Einzelfall diese Interessenskonflikte nicht vernünftig behandeln.[276] Hingegen stehen den – insbesondere nach den Erfahrungen der Finanzmarktkrise – Reputationsrisiken für die Rating-Agenturen, wenn sie Zweifel an der Neutralität ihrer Ratings aufkommen lassen. Dennoch könnte es sich darbieten, das Thema in einem integrierten IOSCO-Kodex zu behandeln, ohne dabei in die Unabhängigkeit der Agenturen hinsichtlich ihrer Preisgestaltung einzugreifen.[277]

### 4.2.3 Mangelnder Wettbewerb

Bekanntlich sorgt der Wettbewerb zwischen Unternehmen für eine Erhöhung der Qualität einer angebotenen Dienstleistung. Dies ist jedoch angesichts der bereits beschriebenen Oligopolstruktur, das durch die geringe Anzahl von Anbietern, Produkthomogenität, Markteintrittsbarrieren sowie geringe Nachfrageelastizität geprägt ist, auf dem Ratingmarkt nicht der Fall und bringt daher erhebliche wettbewerbliche Probleme mit sich.[278] Die Intensivierung des Wettbewerbs auf dem Ratingmarkt könnte grundsätzlich zu einer Qualitätssteigerung des Ratings führen. Aktuell wird eine kontroverse und umfangreiche Diskussion die sehr facettenreich ist, um die Gründung einer europäischen Rating-Agentur geführt, die in dieser Arbeit aufgrund des begrenzten Rahmens nicht weiter thematisiert wird.[279]

Der Ratingmarkt ist global und die Investoren sind an Ratings mit bester Qualität sowie an Rating-Agenturen, die alle Formen von Kreditrisiken untersuchen, interessiert. Die Investoren ziehen außerdem standardisierte Ratings vor, die einen geringen Aufwand für Monitoring und Analyse mit sich bringen. Marktakzeptanz geht jedoch mit historischer Erfahrung und Reputationsaufbau einher, was mit großen finanziellen Anstren-

---

[274] Vgl. Palan, D: Wir haben uns verschätzt, Manager Magazin, 3/2008

[275] Vgl. Morkötter/Westerfeld (2008): Asset Securitisation, in: ZKW, 9/2008, S. 396

[276] Vgl. Stellungnahme des ZKA, CESR/08-36, 28.03.2008, S. 8

[277] Weber (2008): Lehren aus den Finanzmarktturbulenzen, S. 62 f.

[278] Vgl. o.V. Der Betrieb: Regulierung von Ratingagenturen. Heft 24 vom 18.06.2010, (941-945) S. 944)

[279] Umfassend beschäftigen sich die Autoren; Harbrecht/Wieland (2010): Ist eine europäische Ratingagentur sinnvoll, und wie sollte sie organisiert sein? Ifo Schnelldienst 1/2010 – 63. Jahrgang; Kemmer, Michael, Was nützt eine europäische Rating-Agentur?, Defacto, Bundesverband deutscher Banken, Ausgabe 14, http://www.bankenverband.de/themen/politik-gesellschaft/defacto/defacto-14/was-nuetzt-eine-europaeische-rating-agentur (04.05.2011).

gungen verbunden ist.[280] Demnach tragen zusätzliche Marktteilnehmer nicht zwingend zu einer besseren Wettbewerbssituation und verlässlichen Ratings bei. Es kann sogar zu einer Verschlechterung der Ratingqualität führen, wenn der „Newcomer", um im Markt Fuß zu fassen, günstigere Ratings anbieten muss. Diese würden jedoch die wahren Risiken nicht reflektieren und müssten im Zeitverlauf wohl gesenkt werden.[281] Folglich könnte eine Oligopolstruktur sogar von Vorteil sein: Zum einen sind die Agenturen von einzelnen Auftraggebern nicht abhängig, obwohl sie von ihnen bezahlt werden. Denn bei einer ausgeprägten Wettbewerbsstruktur besteht die Gefahr durch das sog. „Rating-Shopping".[282] Zum anderen wird dadurch eine größere Konsistenz und Gleichförmigkeit der Ratings sichergestellt. Denn die Investoren wären erstens überfordert und zweitens unwillig, Ratings einer großen Anzahl unterschiedlicher Ratingmethoden von unterschiedlichen Agenturen miteinander zu vergleichen. Ungeachtet dessen ist der Wettbewerb in der Methodik zwingend für die Effizienz eines Ratingmarkts.[283]

Schließlich erleichtern höhere Offenlegungsstandards, die durch Rating-VO in Europa und geänderten IOSCO-Kodex gefordert werden, die Vergleichbarkeit der von den Rating-Agenturen vorgelegten Bonitätseinstufungen und könnten den Wettbewerb sowie die Innovation in der Branche steigern. Diese könnten insofern zu mehr Transparenz sowie Intensivierung des Wettbewerbs führen, da sich Möglichkeiten zu einer wechselseitigen Kontrolle eröffnen und eventuelle Wettbewerbsnachteile aufgrund eines begrenzten Zugangs zu Informationen über die zugrundeliegenden Sicherheiten abgebaut werden.[284]

Schlussendlich war die Subprimekrise eine wichtige Lektion für die Marktteilnehmer, da sie gelehrt hat, dass man sich nicht ausschließlich auf die Risikobewertung der Ratin-Agenturen verlassen kann. So müssen die Investoren den Aufwand betreiben und ihre eigene Analyse durchführen.[285]

### 4.2.4 Ratingprozess

Um die Qualität und den Informationsgehalt der Ratings bei strukturierten Finanzinstrumenten zu steigern, ist es notwendig den Ratingprozess stets einer Prüfung zu unterziehen und erforderliche Änderungen daran vorzunehmen. Die Krise hat gezeigt, dass Handlungsbedarf bei folgenden Punkten besteht: Die Agenturen sollten strenge und

---

[280] Vgl. Harbrecht/Wieland: Ist eine europäische Ratingagentur sinnvoll, Ifo Schnelldienst, S. 3

[281] Vgl. Kemmer, Michael: Was nützt eine europäische Rating-Agentur, Banken Verband, S. 4

[282] Vgl. Eisen (2007): Haftung, S. 378

[283] Vgl. Kemmer, Michael: Was nützt eine europäische Rating-Agentur, Banken Verband, S. 4

[284] Vgl. Europäische Zentralbank, Ratingagenturen: Entwicklungen und politische Grundsatzfragen, Monatsbericht Mai 2009, S. 119

[285] Vgl. Bloss/Ernst/Häcker/Eil (2009): Subprime-Krise, S. 108

systematische Bewertungsmodelle anwenden und sie regelmäßig der historischen Validierung unterziehen, um die Qualität und Integrität des Ratingprozesses zu gewährleisten. Dazu gehören auch die Berücksichtigung von makroökonomischen Einflussfaktoren und gesamtwirtschaftliche Entwicklungen, die für die gerateten Portfolios Relevanz besitzen.[286]

> Entwicklungen neuer Instrumente, um auch Liquiditätsrisiko zu berücksichtigen

> Rating-Agenturen sollten automatisierte und objektive Systeme für Folgeratings entwickeln (insbesondere bei RMBS und CDOs)[287]

Ferner müssen Rating-Methoden und Verfahren zur Erstellung des Ratings, insbesondere Definition der Rating-Kategorien und der Kriterien für einen Ausfall des Kreditgebers veröffentlicht und der Zeithorizont eines Ratings angegeben werden.[288]

Eine scharfe personelle Trennung bei Erst- und Folgeratings ist aufgrund unterschiedlicher Anforderungen an die Ratinganalysten empfehlenswert. Dazu gehört auch der regelmäßige Informationsaustausch zwischen den unterschiedlichen Analystengruppen, die die Bewertung unterschiedlicher Ratings durchführen.[289] Dabei ist es zwingend notwendig, für eine angemessene Personalausstattung hinsichtlich Zahl und Qualifikation der Rating-Analysten und Fortbildung zu sorgen, um das Vertrauen der Märkte in die Qualität und Objektivität der Ratings zu sichern. Demzufolge müssen die Anforderungen im IOSCO-Code genauer gefasst werden.[290]

---

[286] Vgl. Sachverständigenrat, Die Finanzkräfte benötigen einen angemessenen Ordnungsrahmen, Jahresgutachten 2007/08 S. 161

[287] Vgl. Bloss/Ernst/Häcker/Eil (2009): Subprime-Krise, S. 108

[288] Vgl. Sachverständigenrat, Die Finanzkräfte benötigen einen angemessenen Ordnungsrahmen, Jahresgutachten 2007/08 S. 161

[289] Vgl. Brabänder (2008): Die Rolle der Rating-Agenturen, S. 10

[290] Vgl. Weber (2008): Lehren aus den Finanzmarktturbulenzen, S. 62

# 5 Rechtliche Rahmenbedingungen und Regulierungsmaßnahmen

Ausgelöst durch die Subprime-Krise 2007/08 hat die Kritik und das Misstrauen gegenüber Rating-Agenturen stark zugenommen und eine politische Debatte auf höchster Ebene in den USA sowie in Europa ausgelöst. Rasch wurden wieder Stimmen laut, die nach der spektakulären Pleite von Enron verstummt waren: Die Rating-Agenturen sollen, so die Kritiker, für ihre Fehler zur Rechenschaft gezogen und strengere Regulierungsmaßnahmen ergriffen werden.

Der Umfang der Normen und Regulierungsvorschriften, die an Bonitätsbeurteilungen von Rating-Agenturen Rechtsfolgen knüpfen, ist beachtlich. Bezüglich der Bonitätsbewertungen alle Rechts- und Regulierungsvorschriften, die dazu benutzt werden, um den Finanzmarkt zu regulieren zu erwähnen, würde den Rahmen dieser Arbeit sprengen. Nachfolgend seien zur Verdeutlichung lediglich die wichtigsten Regulierungsvorschriften, die für die Arbeit Relevanz besitzen, exemplarisch – und ohne einen Anspruch auf Vollständigkeit erheben zu wollen – thematisiert:

## 5.1 Vereinigte Staaten von Amerika

### 5.1.1 Bisherige Regulierung bis zum „Credit Rating Agency Reform Act of 2006"

*„Ratingagenturen sind die größte unkontrollierte Machtstruktur im Weltfinanzsystem..."*[291]

In den Vereinigten Staaten sind Bonitätsbeurteilungen von sog. *Nationally Recognized Statistical Rating Organisations* (NRSROs) seit Jahrzehnten ein fester Bestandteil für die Regulierung[292] der Finanzmärkte. Die US-amerikanische Börsenaufsichtsbehörde nutzt seit 1975 die Bonitätseinstufungen von Rating-Agenturen, um die Eigenkapital-

---

[291] Die Aussage des Präsiden der deutschen Finanzdienstleistungsaufsicht (BaFin), Jochen Sanio in einer öffentlichen Anhörung des Bundestags-Finanzausschusses in Berlin. Wortprotokoll, Deutscher Bundestag, 15. Wahlperiode, Finanzausschuss, 7. Ausschuss, Protokoll Nr. 20, 4. http://dipbt.bundestag.de/doc/btd/15/017/1501759.pdf

[292] Siehe Kapitel 2.1.2.2

vorschriften von Instituten, die unter der Aufsicht der SEC stehen, zu bewerten.[293] Im Jahr 1975 beschloss die US-Amerikanische Börsenaufsichtsbehörde (SEC), ohne weitere Prüfung, die drei führenden Agenturen als NRSROs anzuerkennen.[294] Ein förmliches Zulassungsverfahren durch SEC existierte nicht, dies geschah vielmehr durch einen sog. *no-action letter process*, in dem die *Division of Market Regulation* der SEC empfahl, nicht gegen solche *Dealer* und *Broker*[295] vorzugehen, die die jeweilige Rating-Agentur als NRSRO nutzten.[296] Dieser *no-action letter process* wurde Gegenstand heftiger Kritik, da SEC den Status NRSRO weder genau definiert noch festgelegt hat, wie eine Rating-Agentur diesen Status erlangen kann. Es wurde bemängelt, dass SEC auch drei Jahrzehnte nach der Einführung von NRSROs immer noch kein standardisiertes Anerkennungsverfahren vorgesehen hatte[297] und nur die „landesweite Rating-Agenturen" diesen Status erreichten. Daraus resultierten hohe Eintrittsbarrieren für Markteinsteiger, es führte zu einer Verzerrung des Wettbewerbs und mangelnde Transparenz. Wegen unpräziser Eignungskriterien seitens der SEC gab es Rating-Agenturen, die sich seit Jahren in dem nicht formalisierten Zulassungsprozess befanden. Auf kritische Stellungnahmen vom wichtigsten Marktteilnehmer basierend veröffentlichte SEC im Jahr 1994 ein *Concept Release,* der den Begriff NRSRO anhand von drei Kriterien legal definierte und Kriterien für die Anerkennung enthielt.[298] Demzufolge sollten die Eignungskriterien zu NRSRO formalisiert und die Anerkennungspraxis transparenter gestaltet werden.[299]

Nach dem Zusammenbruch von Enron und WorldCom 2001 bzw. 2002 wurden zum ersten Mal Debatten über eine strengere Regulierung von Rating-Agenturen geführt.[300] Die Rating-Agenturen sahen sich mit ähnlichen Vorwürfen konfrontiert, die ihnen auch aktuell vorgehalten werden. Es wurde den Agenturen vorgeworfen, die mit Subprime-Krediten unterlegten Anleihen zu gut bewertet, zu spät reagiert und Herabstufungen (downgrading) nicht schnell genug vorgenommen zu haben. Später wurden bei den Mit-

---

[293] Vgl. Bauer (2009): Ein Organisationsmodell zur Regulierung der Rating-Agenturen, S. 224

[294] Vgl. Eisen (2007): Haftung, S. 168

[295] Broker und dealer sind in der Pflicht von ihrem vorgehaltenen Kapital einen bestimmten Prozentsatz des Marktwertes ihrer Wertpapierpositionen abzuziehen. Die sog. haircuts sollen einen Sicherheitspuffer gegen Verluste bieten, die aus Marktverdrängungen oder Liquiditätsengpässen resultieren. Vgl. Herfurth (2010): Die Regulierung von Ratingagenturen, S. 129 f.

[296] Vgl. Peters: Die Haftung und die Regulierung von Rating-Agenturen, S. 145; Vgl. SEC, Report on the Role and Function of Credit Rating Agencies in the Operation of the Securities Markets as Required by Section 702(b) of the Sarbanes Oxley Act of 2002, S. 5

[297] siehe auch Kapitel 2.1.2.2.

[298] Vgl. Eisen (2007): Haftung, S. 169 f.

[299] Vgl. Herfurth (2010): Die Regulierung von Ratingagenturen, S. 136

[300] Vgl. Bloss/Ernst/Häcker/Eil (2009): Subprime-Krise, S. 91

arbeitern von S&P und Moody's Bestechungen aufgedeckt.[301] Gefolgt von hitzigen Debatten über die Pleite der siebtgrößten US-Unternehmens Enron und beflügelt durch bevorstehende Kongresswahlen 2002 wurde SEC seitens des US-Kongress aufgefordert einen Bericht über die Rolle und Funktion der Rating-Agenturen am Kapitalmarkt zu verfassen.[302]

In dem im Oktober 2002 veröffentlichten Bericht – ausgehend von *Sabenes Oxley Act* 2002[303] - wurde hingewiesen, dass die geringe formelle Regulierung von Rating-Agenturen es verhindert, die Agenturen für die schlechte Qualität von Bonitätsbeurteilungen haftbar zu machen. Ferner wurde vorgeschlagen, NRSROs zu standardisieren und höhere Ansprüche an die Ausbildung von Rating-Analysten zu erstellen.[304]

Die Section 21(a) des *Exchange Act* war Gegenstand der Untersuchung der SEC. Daraus geht vor, dass die Vergütungspraxis Interessenskonflikte verursacht, diese durch zusätzliche Dienstleistungen der Rating-Agenturen intensiviert werden, die internen Maßnahmen der Agenturen nicht genügend Schutz vertraulicher Informationen bieten und dass die Agenturen durch *unsolicited ratings* Druck auf Kapitalnehmer ausüben können.[305]

Im Anschluss an den Bericht wurde vom SEC im Juni 2003 ein *Concept Release* erstellt, das zu konkreten Vorschlägen über Interessenskonflikte, Eintrittsbarrieren, wettbewerbswidrige Praktiken und Kontrollpraktiken anregen sollte. Jedoch handelte die SEC nicht auf Grundlage der hier gemachten Kommentare.[306]

### 5.1.2 Der „Credit Rating Agency Reform Act of 2006"

Als Ergebnis der Diskussionen nach der Enron-Worldcom-Krise wurde der *Credit Rating Agency Reform Act* of 2006 (CRARA) am 29.09.2006 von US-Senat verabschiedet.[307] Das Gesetz, das den Anerkennungsprozess als NRSRO transparenter macht[308] und zum Schutz der Anleger die Qualität des Ratings verbessern soll, wurde im September

---

[301] Vgl. Bloss/Ernst/Häcker/Eil (2009): Subprime-Krise, S. 91

[302] Vgl. Rosenbaum (2004): Der Einsatz von Rating-Agenturen, S. 18

[303] Vgl. Rosenbaum (2004): Der Einsatz von Rating-Agenturen, S. 17

[304] Vgl. Herfurth (2010): Die Regulierung von Ratingagenturen, S. 137

[305] Vgl. Herfurth (2010): Die Regulierung von Ratingagenturen, S. 137

[306] Vgl. Deipenbrock: Der US-amerikanische Rechtrahmen für das Ratingwesen - ein Modell für die europäische Regulierungsdebatte?, in: Zeitschrift für Wirtschaft- und Bankrecht, 48/2007, S.2219

[307] Vgl. Herfurth (2010): Die Regulierung von Ratingagenturen, S 141

[308] Vgl. Rosenbaum (2009): Einfluss von Rating-Agenturen, S. 53

2005 von Präsident Bush unterzeichnet und trat 29. September 2006 in Kraft.[309] Den bis dato gültige *no-action letter process* der SEC wurde abgeschafft und durch eine Registrierungspflicht ersetzt, d.h. Neuregistrierungen für die bislang als NRSROs anerkannten Agenturen.[310] Damit die Ratings der Agenturen für Regulierungszwecke Verwendung finden, bleibt die Anerkennung als NRSRO als Voraussetzung bestehen.[311]

Um den Status einer NRSRO zu erlangen, muss eine Rating-Agentur sich um eine Registrierung bei SEC bewerben und beweisen, dass sie mind. drei aufeinanderfolgende Jahre davor Ratings vergeben hat, die von 20 größten Emittenten und 10 institutionellen Investoren für ihre Bonitätsbeurteilungen der Anleihen bzw. Investitionsentscheidungen genutzt wurden. Jedoch sind Rating-Agenturen, die nach alter Rechtslage als NRSRO anerkannt waren, davon befreit die eben beschriebenen schriftlichen Bestätigungen seitens Investoren einzureichen.[312] Dies wäre in Anbetracht ihrer Marktmacht und Reputation eine bloße Formalie.

Ferner soll der Antrag bei der Bewerbung folgende Angaben enthalten: Genaue Angaben über das herangezogene Verfahren und die angewandte Methodik sowie Nachweise über die kurz-, mittel- und langfristige statistische Erfolgsmessung, die die Zuverlässigkeit der erteilten Bonitätseinschätzungen belegen, welche Maßnahmen die Agentur gegen Insiderverstößen getroffen hat, Angaben über Organisationsstruktur, ob ein Ethikkodex erarbeitet wurde und ob Interessenskonflikte bestehen.[313] Auch nach erfolgreicher Anerkennung als NRSRO muss die Agentur der SEC jährlich bestätigen, dass sie nach wie vor alle erforderlichen Voraussetzungen für diesen Status erfüllt.[314]

Der CRA Reform Act, der bis dahin als wichtigster Eingriff der Gesetzgeber in das Ratingwesen gilt, hat zum Ziel, Rating-Qualität durch mehr Transparenz und Wettbewerb auf dem Sektor zu fördern, um die Oligopolstellung der „großen drei" zu durchbrechen.[315]

---

[309] Vgl. Eisen (2007): Haftung, S. 170

[310] Vgl. Herfurth (2010): Die Regulierung von Ratingagenturen, S. 141

[311] Vgl. Deipenbrock (2007): Der US-amerikanische Rechtrahmen für das Ratingwesen, in: Zeitschrift für Wirtschaft- und Bankrecht, 48/2007, S. 2219

[312] Vgl. Eisen (2007): Haftung, S. 171; Rosenbaum (2009): Einfluss von Rating-Agenturen, S. 54

[313] Vgl. Eisen (2007): Haftung, S. 171; Vgl. Herfurth (2010): Die Regulierung von Ratingagenturen, S. 141; Rosenbaum (2009): Einfluss von Rating-Agenturen, S. 54

[314] Vgl. Rosenbaum (2009): Einfluss von Rating-Agenturen, S. 54

[315] Vgl. Eisen (2007): Haftung, S. 172

Nach dem Beschluss des *CRA Reform Act 2006* erarbeitete die SEC die genauen Formulare und Richtlinien für den neuen NRSRO-Registrierungsprozess und veröffentlichte die fertigen Grundsätze in einem 284-seitigen Dokument.[316]

Derzeit sind folgende Rating-Agenturen als NRSROs anerkannt.

Tabelle 4: Als NRSROs zugelassene Rating-Agenturen

| Rating-Agentur mit NRSRO Status | Land |
|---|---|
| Moody's Investor Service | USA |
| Standard & Poor's | USA |
| Fitch Rating | USA & United Kingdom |
| Dominion Bond Rating Service, Ltd. | Canada |
| A.M. Best Company | USA |
| Japan Credit Rating Agency, Ltd. | Japan |
| R&I, Inc. | Japan |
| Egan-Jones Rating Company | USA |

Quelle: Eigene Darstellung nach Bloss/Ernst/Häcker/Eil (2007): S. 92.

Die zum Schluss aufgeführten fünf Rating-Agenturen erlangten ihren NRSRO-Status nachdem der SEC die Anerkennungskriterien geändert hat und das CRA-Gesetzt im Jahr 2006 eingeführt wurde.[317]

## 5.2  Selbstregulierung der Rating-Agenturen

Bezüglich der Selbstregulierung wird von den Rating-Agenturen darauf hingewiesen, dass der durch Marktmechanismen ausgeübte Druck sie zur Einhaltung hoher Qualitätsstandards bewege.

Dem Argument wird zu Recht entgegengehalten, dass auf einem oligopolistischen Ratingmarkt die Wettbewerbsintensität nicht ausreiche, um genügend Druck auf die Agenturen zu entfalten.[318]

---

[316] Vgl. Rosenbaum (2009): Einfluss von Rating-Agenturen, S. 54
[317] Vgl. Bloss/Ernst/Häcker/Eil (2009): Subprime-Krise, S. 92

Einen ersten wichtigen Schritt in der Diskussion um die Regulierung des Ratingmarktes bilden die IOSCO-Prinzipien sowie der *Code of Cunduct Fundamentals*.

Diese Regelwerke, die auch Ausgangspunkt für die Regulierungsbemühungen der Europäischen Gemeinschaft sind, stellen derzeit das einzige allgemein geltende Regelwerk für die in der Europäischen Union tätigen Agenturen dar.[319]

## 5.2.1 IOSCO-Code of Conduct Fundamentals

Nach der Pleite des Energieriesen Enron im Jahre 2001 sah sich die Internationale Organisation der Börsenaufsichtsbehörden IOSCO (The International Organisation of Securities Commissions) zunehmend der Frage ausgesetzt, ob die Rating-Agenturen nicht schneller auf die Alarmsignale des Marktes hätten reagieren können.[320]

Daher traf sich zum ersten Mal die *Chairmens Task Force on Credit Rating Agencies* der IOSCO, die sich aus Vertretern nationaler Wertpapieraufsichtsbehörden zusammensetzt, in Rom, um eine gemeinsame Lösung zu finden.[321] Ende 2004 verabschiedete IOSCO den sog. Verhaltenskodex *Code of Conduct Fundamentals,* der die Verhaltensregeln für die Rating-Agenturen beinhaltet.[322]

Aufbauend auf den „IOSCO-Prinzipien" von Oktober 2003 sollten diese Regelwerke die Ziele dieser Grundsätze durch weitergehende Empfehlungen zu ihrer praktischen Umsetzung ergänzen.[323] Beide Empfehlungen, sowohl der Verhaltenskodex als auch die IOSCO-Prinzipien beinhalten Vorschriften zur Unabhängigkeit der Rating-Agenturen und Vermeidung von Interessenskonflikten.[324]

Die Fragen der Durchsetzung und der Sanktionen bei Nichteinhaltung des Verhaltenskodex blieben dennoch offen. Demnach haben die Rating-Agenturen selbst zu entscheiden, ob und wie sie dieses IOSCO-Regelwerk in ihren Verhaltenskodex umsetzen wol-

---

[318] Vgl. Kruse (2005): Verhaltenskodex der IOSCO, in Achleitner/Everling S. 1

[319] Vgl. Deipenbrock: Was ihr wollt oder der Widerspenstigen Zähmung? - Aktuelle Entwicklungen der Regulierung von Ratingagenturen im Wertpapierbereich, in: BB 2005, S. 2090

[320] Vgl. Strunz-Happe (2005): Ein Ordnungsrahmen für Rating-Agenturen - Bericht über die internationalen und nationalen Bestrebungen, in: BFuP 2005, 233

[321] Vgl. Leker/Botterweck (2007): Entwicklung von Ratingstandards, in: Büschgen/Everling (Hrsg), Handbuch Rating, S. 589

[322] Vgl. Strunz-Happe (2005): in; BFuP 2005, S. 238

[323] Vgl. Deipenbrock (2005): Aktuelle Rechtsfragen zur Regulierung des Ratingwesens, in: Wertpapier-Mitteilungen,WM 2005, S. 265

[324] Vgl. Eisen (2007): Haftung, S. 174

len. Die Agenturen sollen Abweichungen vom IOSCO-Verhaltenskodex getreu dem Motto „comply or explain" der Öffentlichkeit bekannt machen.[325]

Insofern sind die Rating-Agenturen ausdrücklich aufgefordert, auf Grundlage der IOSCO-Kriterien eigenen Verhaltenskodex zu implementieren, zu veröffentlichen und zu befolgen. Aus Sicht der IOSCO stellen die Fundamentals und Prinzipien lediglich Mindestanforderungen an individuellem Verhaltenkodex für die Agenturen dar.[326] Es ist festzuhalten, dass der Verhaltenkodex der IOSCO eine freiwillige Selbstverpflichtung darstellt, aus der sich keine haftungsrechtlichen Verpflichtungen ergeben.[327]

Angesichts der Subprime-Krise hat das Technische Komitee der IOSCO am 26.03.2008 ein Konsultationspapier bezüglich der Rollen der Agenturen im Bereich der strukturierten Finanzierung veröffentlicht.[328] Das Technische Komitee der IOSCO stellte in seinem Bericht Handlungsbedarf fest und empfahl eine Überarbeitung der Verhaltenskodices.[329] In dem Bericht sind auch die vom Financial *Stability Forum* erarbeiteten Empfehlungen in Hinblick auf die Finanzmarktkrise enthalten, die von den „G7"-Finanzministern am 11. April 2008 vereinbart wurden.[330]

Die Veränderungen wurden im Rahmen des jährlichen Treffens der Organisation in Paris angenommen, in den bereits bestehenden Kodex implementiert und als Neufassung im Mai 2008 publiziert.[331] So sollten diese Änderungen die Probleme beseitigen, die in Verbindung mit den Geschäften der Agenturen im Bereich der strukturierten Finanzprodukte entstanden waren.[332]

Außerdem beschloss das *Technical Committee* der IOSCO in ihrem Treffen im Februar 2009 die Schaffung eines dauerhaft eingerichteten *Standing Commitee on Credit Rating Agencies*,[333] das die Entwicklung der aufsichtsrechtlichen Programme in den IOSCO-Mitgliedsländern beobachten soll.[334]

---

[325] Vgl. Strunz-Happe (2005): in; BFuP 2005, 238

[326] Vgl. Kruse (2005): Verhaltenskodex der IOSCO, in Achleitner/Everling, S. 10

[327] Vgl. Niedostadek (2006): Rating, S. 250

[328] Vgl. Europäische Kommission, Working Document (2008): S. 75

[329] International Organization of Securities Commissions. The Role of Credit Rating Agencies in Structured Finance Markets - Technical Committee of the International Organization of Securities Commissions - May 2008, S. 14

[330] Vgl. Cramburg (2008): Internationale Debatte um die Regulierung von Ratingagenturen, AG Report 2008, R338 (R338)

[331] Vgl. Europäische Kommission, Working Document (2008): S. 75

[332] International Organization of Securities Commissions. Media Release - IOSCO to implement changes to Code of Conduct for Credit Rating Agencies, S. 1

[333] International Organization of Securities Commissions, International Cooperation in Oversight of Credit Rating Agencies - Note - March 2009, S. 5

[334] Vgl. Finma – Eidgenössische Finanzmarktaufsicht: (25.03.2011): Änderung FINMA-Rundschreiben 2008/26 „Ratingagenturen" – Erläuterungsbericht, S. 9

## 5.2.2 Effektivität der Selbstregulierung

Trotz politischer Bedeutung ist die Wirkungsmacht der IOSCO-Regelwerke einge-schränkt. Zum einen sind die Regelwerke rechtlich unverbindlich[335], zum anderen ist es höchst unwahrscheinlich, dass aufgrund der bestehenden Marktverhältnisse der Wett-bewerbsdruck allein ausreicht, um auf die Vorgehensweise der Rating-Agenturen Ein-fluss nehmen zu können.[336]

Die grundlegende Voraussetzung für die Effektivität einer Selbstregulierung ist das Funktionieren der vorhandenen Marktmechanismen. Diese Voraussetzung darf aufgrund der oligopolistischen Marktstruktur auf dem Ratingmarkt bezweifelt werden, weil es den Kapitalmarktakteuren schlichtweg an geeigneten Ausweichmöglichkeiten fehlt, um Verstöße der Rating-Agenturen zu sanktionieren.[337] Deshalb besteht grundsätzlich das Risiko, dass Vorschriften bei fehlendem Durchsetzungsmechanismus kraftlos werden.[338]

Der Technische Ausschuss der Europäischen Wertpapierregulierungsbehörden stellte zwar in seiner im Mai 2008 veröffentlichten Mitteilung an die Europäische Kommission fest, dass die führenden Rating-Agenturen den IOSCO-Verhaltenkodex zu großen Tei-len umgesetzt haben, dennoch bestehen immer noch Bereiche, wie z.B. die Erstellung von unbeauftragten Ratings, in denen die Umsetzung der individuellen Kodices nicht den Vorgaben entspricht und Platz für Verbesserungen vorhanden ist.[339] Ferner ist die Effektivität der Selbstregulierung eingeschränkt, da die Empfehlungen, um Widersprü-che zu vermeiden, von der Wortwahl wie auch vom Inhalt her auf hohem Abstraktions-niveau formuliert sind. Die in Englisch verfasste Mitteilung bietet erheblichen Interpre-tations- und Auslegungsspielraum, was das System der Anforderungen an die Agentu-ren zusätzlich lockert.[340]

Zudem behalten sich die drei großen Rating-Agenturen ein jederzeitiges Änderungs-recht ihrer Verhaltenskodices vor und schließen eine Verantwortlichkeit oder Haftung auf Basis der selbst vorgeschriebenen Verpflichtungen aus. Abschließend bleibt festzu-halten, dass die Kodices der Agenturen, die auf der Grundlage des IOSCO-Verhaltenskodices erstellt worden sind, ebenso unverbindlich sind wie dieser selbst.[341] Die Bedeutung des IOSCO-Kodex hinsichtlich einer Regulierung bleibt, trotz der ge-

---

[335] Vgl. Deipenbrock (2003): BB 2005, S. 2087
[336] Vgl. Europäische Kommission, Working Document (2008): S. 44
[337] Vgl. Eisen (2007: Haftung, S. 337
[338] Vgl. The Committee of European Securities Regulators, CESR/05 2005 139b, Rz 264
[339] The Committee of European Securities Regulators, CESR/08-277 - CESR's Second Report to the European Commission on the compliance of credit rating agencies with the IOSCO Code and The role of credit rating agencies in structured finance (2008) Rz 225
[340] Vgl. Deipenbrock (2003): BB 2005, S. 2087
[341] Vgl. Eisen (2007): Haftung, S. 178

nannten Defizite, bestehen, da sie einen Ordnungsrahmen und einen wesentlichen Schritt zur Verbesserung der Integrität, Transparenz und Unabhängigkeit von Rating-Agenturen darstellt.[342] Zudem wurde durch die Arbeit der IOSCO eine weitgehende Harmonisierung zwischen Finanzmärkten in Nordamerika und Europa ermöglicht. Demzufolge stellt der Verhaltenskodex durch international entstehende einheitliche Methoden und Mindeststandards einen wesentlichen Schritt zur Qualitätssicherung des Ratingwesens dar.[343]

## 5.3 Umsetzung auf EU-Ebene

Im Gegensatz zu den Vereinigten Staaten, wo die Rating-Agenturen einem normativen Regelwerk unterstehen, existiert in der EU bislang kein direkter auf die Tätigkeiten der Agenturen ausgelegter Rechtsrahmen.[344] Genauso wenig haben die meisten EU-Mitgliedsstaaten für die Aktivität von Rating-Agenturen konkrete Rechtsvorschriften erlassen.[345] Rating-Agenturen fallen auch nur begrenzt unter die Vorschriften der Gemeinschaft, insbesondere der Eigenkapitalausstattung unter die Regelwerke bezüglich des Marktmissbrauches sowie der Märkte für Finanzinstrumente.

Um auf diese rechtliche Vorschriften der Gemeinschaft und der einzelnen EU-Länder, darunter auch Insiderrecht nach RL 2003/6/EG einzugehen, bedarf es einer gesonderten Abschlussarbeit. Daher beschränkt sich diese Arbeit auf regulatorische Regelwerke über Rating-Agenturen.

Das EU-Parlament hat zum ersten Mal zuvor am 10.02.2004 eine Entschließung zur Rolle und zu den Methoden der Rating-Agenturen gefasst, die dem Bericht des Ausschusses für Wirtschaft und Währung gefolgt war.[346] So wurden damals die Vorschläge zur Gründung sowohl einer Europäischen Rating-Agentur als auch einer europäischen Registrierungsbehörde kategorisch abgelehnt. Ebenfalls wurden regulative Eingriffe in inhaltliche Aspekte des Ratings explizit nicht angestrebt.[347]

Die Kommission wandte sich an den Ausschuss der Europäischen Wertpapierregulierungsbehörden (CESR – The Committee of European Securities Regulators), um Vorschläge zur möglichen Regulierung von Rating-Agenturen zu entwickeln.[348]

---

[342] Vgl. Leker/Botterweck (2007): Entwicklung von Ratingstandards, in: Büschgen/Everling (Hrsg), Handbuch Rating, S. 594

[343] Vgl. Richter (2008): Ratings, S. 41

[344] Vgl. Europäische Kommission, Working Document (2008): S. 53

[345] Vgl. Erwägungsgrund 2 Rating-VO.

[346] Vgl. Reidenbach (2006): Aktienanalysten, S. 376

[347] Vgl. Becker-Melching, Bericht über die Rolle und Methoden von Rating-Agenturen, WM 2004, S. 546

[348] Vgl. Bauer (2009): Ein Organisationsmodell, S. 217

Die CESR überwacht die in der EU tätigen Rating-Agenturen in Bezug auf die Ziele und Einhaltung des IOSCO-Kodexes[349] und sie erstattet Bericht an die Europäische Kommission.[350] Ende März 2005 verkündete der CESR in seiner abschließenden Stellungnahme, dass eine konsequente Umsetzung des Verhaltenskodex der IOSCO ein ausreichendes Regulierungswerk für die Bewältigung der identifizierten Hauptprobleme, nämlich Transparenz des Ratingverfahrens, Interessenskonflikte, Behandlung von Insiderinformationen sowie die Wettbewerbssituation des Ratingwesens, darstelle.[351] Dem CESR folgend gelangte die Europäische Kommission am 11. März 2006 zu dem Schluss, dass derzeit keine neuen Regulierungsmaßnahmen notwendig seien.[352] Die Europäische Kommission schenkte den in diesem Bereich bestehenden Richtlinien Vertrauen; zusammen mit der Selbstregulierung auf Basis des IOSCO-Kodex stelle diese eine ausrechende Antwort auf die meisten in Europa aufgeworfenen Fragen und Bedenken dar.[353]

Dennoch wurde der CESR seitens der Kommission aufgefordert, die Einhaltung der Verhaltenkodices zu überwachen und der EU jährlich einen Bericht darüber zu erstatten.[354] Damit die Richtlinien auch eingehalten werden, wurde ein Rahmen geschaffen, dem sich die Rating-Agenturen freiwillig anschließen können. Vier Agenturen, nämlich Standard&Poor's, Moody's, Fitch sowie DBRS (Dominion Bond Rating Service) haben beschlossen, sich dem freiwilligen Rahmen zu unterwerfen.[355] Dieser sieht ein jährliches Treffen von CESR und den beteiligten Agenturen, eine jährliche Berichterstattung der Agenturen an den CESR im Hinblick auf Übereinstimmungen bzw. Abweichungen zum IOSCO-Verhaltenskodex sowie einen Erklärungsbericht gegenüber der zuständigen Aufsichtsbehörden der Mitgliedsstaaten im Falle von erheblichen Auseinandersetzungen mit einem bewerteten Schuldner vor.[356]

Die Europäische Kommission behielt sich dennoch vor, bei Entwicklung neuer Umstände, wie einem gravierenden Marktversagen, Legislativvorschläge in Betracht zu ziehen. Zudem behielt sich die Kommission das Recht vor, bei einer Nichteinhaltung

---

[349] Vgl. Deipenbrock (2007): Der US-amerikanische Rechtrahmen für das Ratingwesen, in: Zeitschrift für Wirtschaft- und Bankrecht, 48/2007, S. 2217

[350] Vgl. Bloss/Ernst/Häcker/Eil (2009): Subprime-Krise, S. 93

[351] Vgl. Eisen (2007): Haftung, S. 176

[352] Vgl. Europäische Kommission, Pressemitteilung, 2008, S. 6

[353] Vgl. Cramburg (2006): Kredit-Rating-Agenturen: Kommission verzichtet auf neue Rechtsinitiativen, AG Report 2006, R34

[354] Vgl. Europäische Kommission, Working Document (2008): S. 54

[355] Vgl. Cervone (2008): EBLR 2008, S. 860

[356] Vgl. The Committee of European Securities Regulators, CESR/06-107 - Update on CESR's dialogue with Credit Rating Agencies to review how the IOSCO code of conduct is being implemented (2006) I. Fn. 550

der Vorschriften oder falls sich der IOSCO-Kodex als unbefriedigend erweisen sollte und dies die EU Kapitalmärkte schädigen würde, einzuschreiten.[357]

Solch ein erhebliches Marktversagen der führenden Agenturen trat bereits kurze Zeit später in 2007 ein, worauf die Europäische Kommission mit Rating-VO zügig reagierte.

## 5.4 Anerkennung von Rating-Agenturen als ECAIs im Rahmen von Basel II

Wie bereits in Abschnitt 2.1.2.1 dargestellt wurde, stellt die Anforderung, dass Eigenmittelausstattung in einem angemessenen Verhältnis zum eingegangenen Risiko stehen muss, eine der wesentlichen Bestandteile der Kapitalmarktregulierung dar.[358]

Daher werden Ratings eine wesentliche Bedeutung nach den Basler Eigenkapitalregeln, kurz „Basel II" zugeschrieben, deren Implementierung in das Gemeinschaftsrecht durch die RL2006/48/EG (Art. 81-83) und durch die RL2006/49/EG erfolgte.[359]

Zur Bestimmung ihrer Mindestkapitalanforderungen werden den Kreditinstituten zwei grundlegende Methoden zur Wahl gestellt: Zum einen der sog. Standardsatz, der auf externen Ratings basiert, zum anderen der IRB-Ansatz, der im Rahmen von Basel II ein bankinternes Verfahren zur Bestimmung von Mindesteigenkapitalanforderungen für Kreditrisiken darstellt.[360]

Sowohl die Banken als auch Wertpapierunternehmen können im Rahmen des sog. Standardsatzes der Neuen Baseler Eigenkapitalvereinbarung (Basel II) die Risikogewichte und in weiterer Folge das Eigenkapital und die Ratings anerkannter Rating-Agenturen (External Credit Assesment Institution – ECAI) verwenden.[361] Diese müssen jedoch von der nationalen Bankenaufsicht anerkannt worden sein.[362]

In den Absätzen 91 bis 108 der Rahmenvereinbarung (Basell II) werden die Kriterien für die Anerkennung von Rating-Agenturen, das Zuordnungsverfahren sowie die Ver-

---

[357] Vgl. Europäische Kommission, Pressemitteilung 2008 , S. 6

[358] Vgl. Hofmann/Pluto (2005): Zentrale Aspekte der neuen aufsichtlichen Eigenmittelempfehlung (Basel II), in: Neupel/Rudolph/Hahnenstein (Hrsg), zfbf Sonderheft 52: Aktuelle Entwicklungen im Bankcontrolling: Rating, Gesamtmarktsteuerung und Basel II (2005), S. 242

[359] Vgl. RL 2006/49/EG des Europäischen Parlaments und des Rates vom 14. Juni 2006 über die angemessene Eigenkapitalausstattung von Wertpapierfirmen und Kreditinstituten, ABl L 2006/177, S. 201

[360] Vgl. Deipenbrock (2005): WM 2005, S. 267

[361] Vgl. Deutsche Bundesbank, Basel II, Kreditrisiko-Standardansatz: Externes Rating, http://www.bundesbank.de/bankenaufsicht/bankenaufsicht_basel_kreditrisiko.php (01.05.2011).

wendungsfähigkeit externer Ratings im Detail dargestellt.[363] Den Vorgaben von Basel II zufolge, die durch die zusätzlichen Artikel 81 bis 83 auf EU-Ebene umgesetzt werden (Banking Directive 2006/48/EC), hat eine Rating-Agentur, um als ECAIs anerkannt zu werden[364], die in Abbildung 5 aufgeführten sechs Kriterien zu erfüllen:

Abbildung 5: Kriterien für die Anerkennung von Ratingagenturen

| KRITERIEN | ERLÄUTERUNG |
| --- | --- |
| Objektivität | Die Ratingmethode muss genau und systematisch sein |
| | Die Ratings müssen permanent kontrolliert werden und müssen auf veränderte finanzielle Situationen reagieren |
| Unabhängigkeit | Frei von politischem und wirtschaftlichem Einfluss |
| Internationaler Zugang und Transparenz | Das individuelle Rating muss für nationale und internationale Institutionen unter den gleichen Bedingungen zugänglich sein |
| Veröffentlichung | Die Ratingagentur muss veröffentlichen: <br> • Ratingmethoden inklusive der Definition für Ausfall <br> • Zeithorizont und Bedeutung des individuellen Ratings <br> • Tatsächliche Ausfälle <br> • Wahrscheinlichkeit, dass aus einem AA Rating ein A Rating innerhalb einer bestimmten Zeit wird |
| Quellen | Die Ratingagentur muss ausreichend verfügbare Quellen für hochwertige Ratings haben |
| Glaubwürdigkeit | Die Glaubwürdigkeit einer Ratingagentur wird durch die oben aufgeführten Kriterien garantiert sowie durch die Zusammenarbeit unabhängiger Investoren, Versicherer oder Handelspartner |

Quelle: Bloss/Ernst/Häcker/Eil (2008): S. 96.

Die oben aufgeführten Paragraphen zufolge wurden zusätzlich am 20. Januar 2006 von CEBS *Guidlines on the regocnition of External Credit Assesstment Institutions* (ECAIs)

---

[362] Vgl. Cervone (2008): EBLR 2008, S. 848
[363] Vgl. Bloss/Ernst/Häcker/Eil (2009): Subprime-Krise, S. 95
[364] Vgl. Eisen (2007): Haftung, S. 166

veröffentlicht.[365] Diese Richtlinien sollen möglichst einheitliche Standards für angewandte Ratings darstellen und Maßstäbe bei den Anerkennungskriterien festlegen.[366] Voraussetzung für die Anerkennung der Rating-Agenturen in anderen EU-Mitgliedstaaten ist die Teilnahme an einem gemeinsamen Bewertungsverfahren (joint assessment process), in dem die Agenturen beweisen müssen, dass sie die zuvor genannten Kriterien erfüllen.[367] An dem Bewertungsverfahren sind ein Prozessmoderator (der sog. „process facilitator") und die Aufsichtsbehörden der jeweiligen Länder (die SEC in den USA und das BaFin in Deutschland) beteiligt. Dadurch soll eine einheitliche Entscheidung der Aufsichtsbehörden gewährleistet und die Bürokratie für den Bewerber reduziert werden.[368]

Die drei internationalen Rating-Agenturen Standard & Poor's, Moody's und Fitch haben dieses Verfahren bereits 2006 durchlaufen und die Rating-Agentur DBRS wurde im April 2007 geprüft.[369]

Die Umsetzung in deutsches Recht erfolgte durch § 41 der Solvabilitätsverordnung (SolvV), die zum 1. Januar 2007 in Kraft trat.[370] § 41 der SolvV regelt, welche Ratings ein Kreditinstitut zur Beurteilung von Kreditrisiken verwenden darf. Es ist dabei zwischen Anerkennung einer Agentur im Rahmen von SolvV und der Verwendbarkeit der Bonitätsbewertungen zu unterscheiden, da nicht alle Bonitätsbeurteilungen der Agentur bedingungslos für die Bestimmung der aufsichtrechtlichen Risikogewichte zugrunde gelegt werden dürfen.[371] Gemäß § 46 Absatz 1 und 2 ist festgelegt, dass die Verwendung von Ratings, die nicht vom Schuldner in Auftrag gegeben wurden, nur mit gesonderter Zustimmung der BaFin (Bundesagentur für Finanzdienstleistungsaufsicht) möglich ist.[372] Eine endgültige formale Anerkennung von Rating-Agenturen seitens der BaFin ist seit dem Inkrafttreten der Solvabilitätsverordnung am 01.01.2007 möglich.[373]

---

[365] Vgl. Deutsche Bundesbank, Basel II, Kreditrisiko-Standardansatz: Externes Rating, http://www.bundesbank.de/bankenaufsicht/bankenaufsicht_basel_kreditrisiko.php (01.05.2011).

[366] Vgl. Bloss/Ernst/Häcker/Eil (2009): Subprime-Krise, S. 97

[367] Vgl. Deutsche Bundesbank, Basel II, Kreditrisiko-Standardansatz: Externes Rating, http://www.bundesbank.de/bankenaufsicht/bankenaufsicht_basel_kreditrisiko.php (01.05.2011).

[368] Vgl. Bloss/Ernst/Häcker/Eil (2009): Subprime-Krise, S. 97

[369] Vgl. Deutsche Bundesbank, Basel II, Kreditrisiko-Standardansatz: Externes Rating, http://www.bundesbank.de/bankenaufsicht/bankenaufsicht_basel_kreditrisiko.php (01.05.2011).

[370] Vgl. BaFin, Bundesanstalt für Finanzdienstleistungsaufsicht, Benennung von Ratingagenturen und Exportversicherungsagenturen nach der Solvabilitätsverordnung (Stand: 20.02.2008) http://www.bafin.de/cln_011/nn_721290/SharedDocs/Veroeffentlichungen/DE/Service/Merkblaetter/ mb__080220__ratingagenturen__exportvers.html?__nnn=true (07.04.2011).

[371] Vgl. Bloss/Ernst/Häcker/Eil (2009): Subprime-Krise, S. 98

[372] Vgl. Deutsche Bundesbank, Basel II, Kreditrisiko-Standardansatz: Externes Rating, http://www.bundesbank.de/bankenaufsicht/bankenaufsicht_basel_kreditrisiko.php (01.05.2011)

[373] Vgl. Eisen (2007): Haftung, S. 168

## 5.5 Eingeleitete Regulierungsmaßnahmen und -initiativen nach Beginn der Finanzkrise

Nach der Subprime-Krise hat sich nahezu zwangsläufig die Frage nach Art, Inhalt und Härte einer möglichen Regulierung der Rating-Agenturen aufgeworfen. Das bis dahin geltende Regelungssystem setzte weitgehend auf die Selbstregulierung der Rating-Agenturen, die auf den von der IOSCO veröffentlichten „Fundamentals of a Code of Conduct for Credit Rating Agencies" basiert (Vgl. Abschnitt 5.2).[374] Die Bundeskanzlerin *Merkel* und der Französische Präsident *Sarkozy* haben sich auf dem Finanzgipfel der „G 20", der im April 2009 in London stattfand, für eine stärkere Regulierung und Aufsicht der Finanzbranche, insbesondere der Rating-Agenturen ausgesprochen und dies auch durchgesetzt. Unterdessen gesteht man den Rating-Agenturen nicht mehr zu, sich nur auf Selbstregulierungswerke zu berufen und eigene Standards zu setzen, sondern beginnt damit, die Finanzmärkte strenger zu regulieren.[375] Unabhängig voneinander haben sowohl der US-amerikanische SEC als auch die Europäische Kommission Vorschläge zur Regulierung von Rating-Agenturen vorgelegt. Die neuen Regelungen der SEC, die im Februar 2009 rechtsverbindlich erlassen wurden, traten im Mai 2009 in Kraft.[376] Zuvor wurden im März 2008 am IOSCO-Verhaltenkodices eine Reihe von Anpassungen vorgenommen und im Mai 2008 veröffentlicht. Die neuen Regeln der IOSCO beinhalten zusätzlich zu den alten Kodices eine Vielzahl zusätzlicher Anforderungen, die von den Agenturen zu erfüllen sind. Diese sollen, wie Abbildung 6 zeigt, dazu beitragen, die Qualität und Integrität der Ratings zu verbessern, Anreizpunkte für Interessenskonflikte zu reduzieren und das Vertrauen in ihre Verlässlichkeit wiederherzustellen.[377] Das EU-Parlament hat den Gesetzentwurf zur Regulierung der Rating-Agenturen von der EU-Kommission vom November 2008 angenommen und am 23. April 2009 verabschiedet. Das Gesetz trat am 7. Dezember 2009 in Kraft.[378]

---

[374] Vgl. Brabänder (2008): Die Rolle der Rating-Agenturen, S. 8

[375] Vgl. Möllers (2209): Von Standards zum Recht - auf dem Weg zu einer Regulierung der Ratingagenturen in Europa und den USA, in: Zeitschrift für das Juristische Studium, März 2009, S. 227

[376] Vgl. SEC – Commission of the European Commission, 2008

[377] Vgl. Cramburg (2008): AG Report 2008, R338

[378] Vgl. Europäische Kommission, Pressemitteilung - Konsultationsdokument der Kommissiondienststellen zu den Ratingagenturen, IP/09/629, 31.7.2008

Abbildung 6: Änderungen am IOSCO-Code für Rating-Agenturen

**► 3**

## Änderungen am IOSCO-Code für Rating-Agenturen

### Qualität und Integrität des Rating-Prozesses

- Verbot von Empfehlungen seitens der Analysten hinsichtlich strukturierter Finanzprodukte.
- Sicherung der Qualität der für die Ratings benötigten Informationen, Information der Nutzer über die Grenzen des Ratings.
- Periodische Überprüfung der Methodik und verwendeten Modelle.
- Sicherstellung einer objektiven Basis für die Entscheidungsprozesse über Rating-Aktionen.
- Sicherung des Know-hows und ausreichender Erfahrung der Rating-Analysten.
- Einrichtung von Verfahren, die eine Überwachung der Durchführbarkeit von Ratings neuer Strukturen sicherstellen.
- Gewährleistung angemessener Methoden und Modelle bei materiellen Änderungen der Risiko-Eigenschaften der verbrieften Forderungen.
- Sicherstellung ausreichender Kapazitäten für die Überwachung und Aktualisierung der Ratings.

### Unabhängigkeit der Rating-Agenturen und Vermeidung von Interessenkonflikten

- Veröffentlichung, ob die Emittenten relevante Informationen über geratete Wertpapiere publizieren werden.
- Veröffentlichung, wenn über 10 % des Jahreseinkommens von einem Kunden stammen.
- Überprüfung der Rating-Entscheidungen von Analysten, die die Agenturen verlassen haben.
- Überprüfung des Entlohnungssystems zur Gewährleistung der Objektivität der Analysten.
- Definition von Nebentätigkeiten.

### Verantwortung gegenüber Investoren und Emittenten

- Veröffentlichung der Rating-Historie.
- Differenzierung zwischen den Ratings strukturierter Finanzprodukte und anderer Schuldtitel, vorzugsweise durch unterschiedliche Rating-Symbole.
- Information über Eigenschaften und Grenzen des jeweiligen Ratings.
- Information, die es Nutzern ermöglichen, die Grundlage des Ratings zu verstehen, einschließlich der Sensitivität des Ratings bezüglich der zugrundeliegenden Annahmen.
- Veröffentlichung der Methodik und der jeweils benutzten Version.

Quelle: Brabänder (2008): Die Bank, S 9.

## 5.5.1 Die durch die Finanzkrise offenbarte Defizite

Die anhaltende Finanzkrise hat gezeigt, wie wichtig die Funktionsfähigkeit der Kapitalmärkte ist. Es wurde davon ausgegangen, dass die Vermeidung von Interessenskonflikten, Informationspflichten sowie die rechtliche Regulierung und Überwachung, die drei elementaren Instrumentarien darstellen genügen würden und das dies, um die Funktionsweise des Kapitalmarktes sicherzustellen.[379] Die Finanzkrise hat jedoch verdeutlicht, dass die genannten Instrumente allein nicht ausreichend sind und versagt haben. Zum einen sind die Rating-Agenturen nicht unabhängig und von Interessenskonflikten umgeben, da sie i.d.R. von denselben Emittenten bezahlt und beauftragt werden, die sie bewerten. Die Situation wird belastender, da die Agenturen zuvor bei dem iterativen Ratingprozess den Emittenten beraten und bei der Strukturierung der Finanzprodukte solange mitwirken, bis die Tranchen dieser Produkte ein günstiges Rating erzielen. Zum anderen haben die meisten Informationen der Rating-Agenturen das tatsächliche Risiko nicht wiedergegeben. So bekam ein Großteil der ABS und CDOs, deren Tranchen einen beachtlichen Anteil an zweitklassigen Subprime-Krediten enthielten, ein „Triple A" Rating.[380] Damit verbunden wurden die Risiken dieser Produkte deutlich unterschätzt. Ferner haben die Rating-Agenturen versagt, zu spät auf veränderte Marktbedingungen reagiert und Ratings nicht unverzüglich angepasst. Hinzu kommt noch, dass bis heute kein hinreichendes Regelwerk zur Überwachung und Regulierung der Rating-Agenturen existiert.

## 5.5.2 Maßnahmen der Rating-Agenturen

Unabhängig von der Umsetzung des IOSCO-Verhaltenskodex haben etliche Rating-Agenturen sowohl eigene als auch gemeinsame Maßnahmen ergriffen, um sich mit den Bedenken von Marktteilnehmen und Aufsichtsbehörden zu beschäftigen.[381] So sind weitgehende Maßnahmen – in den von der Kritik umfassten Bereichen – von den Agenturen selbst ergriffen worden: Zu den vorgenommenen Maßnahmen zählen bspw. die operative sowie die rechtliche Aufteilung der Ratingaktivität von anderen Geschäftsbereichen, die Trennung der Managementvergütung vom Ergebnis ihrer Geschäftseinheit, verbesserte Überwachung des Rating-Prozesses oder auch die Verbesserung der internen Aufsicht über die Rating-Methoden.[382]

---

[379] Vgl. Möllers (2009): Von Standards zum Recht, in: Zeitschrift für das Juristische Studium, März 2009, S. 227

[380] Vgl. Europäische Kommission, Pressemitteilung 2008, S. 2

[381] Vgl. The Committee of European Securities Regulators, CESR/08-277 2008, Rz 70

[382] Vgl. Cervone (2008): EBLR 2008, S. 865

Beispielsweise haben im Oktober 2007 die Rating-Agenturen S&P, Moody's, Fitch, DBRS und A.M. Best Company eine Kooperation begonnen und einen Maßnahmenplan erarbeitet, der das Vertrauen in den Rating-Prozess steigern sollte.[383] Als Ergebnis dieser Kooperation haben die Agenturen ein *Weißbuch*, das zwölf Vorschläge zur Verbesserung des IOSCO-Verhlatenskodex in Bezug auf Qualität, Transparenz und Unabhängigkeit von Ratings enthält, veröffentlicht und an verschiedene Aufsichtsbehörden weitergeleitet. S&P hat zudem im Februar 2008 einen ehrgeizigen Reformplan veröffentlicht[384], der 27 individuelle Maßnahmen in den Bereichen Unternehmensführung, Analytik, Informationen im Sinne erhöhter Transparenz sowie Aufklärung der Marktteilnehmer umfasst. Bereits ein Jahr nach Veröffentlichung des Maßnahmenkatalogs wurden zehn der enthaltenen Punkte erfolgreich umgesetzt.[385]

Moody's veröffentlichte im September 2007 eine Vielzahl von Maßnahmen, gefolgt von einem im Februar 2008 bekannt gegebenen Konsultationspapier, um unterschiedliche Stellungnahmen über die Ausgestaltung der Ratingskalen von strukturierten Finanzprodukten einzuholen. Ferner veröffentlichte Moody's am 26.03.2008 eine weitere Reihe von Vorschlägen, die Informationen über die Ziele zur Steigerung der Qualität der Rating-Verfahren enthielten. Zudem wurde am 31.12.2008 ein außerordentlicher Bericht verabschiedet, durch dessen Veröffentlichung die Marktransparenz insofern erhöht werden sollte, als dargelegt wird, welche Maßnahmen Moody's selbst vorgenommen hat, an welchen Initiativen sie sich beteiligt haben und welche weiteren Schritte geplant sind.[386]

Ferner haben sich die drei führenden Agenturen vorab auf eine Änderung ihrer Geschäftspraxis geeinigt. Demnach ist vorgesehen, dass die Agenturen in Zukunft sich schon vor der vorläufigen Prüfung von den Emittenten bezahlen lassen. Die Gebühren sind auch dann zu entrichten, wenn die Agentur später von dem Emittenten den Bewertungsauftrag nicht erhält.[387] Die Maßnahmen könnten damit die aus dem *„Issuer-Pays-Modell"* resultierenden Anreiz zum „Rating-Shopping" begrenzen. Abschließend kann festgestellt werden, dass die Maßnahmen und Vorschläge der Agenturen zur Selbstregulierung nicht weit genug gehen, um die ernsthaften Probleme, die die Unabhängigkeit,

---

[383] Vgl. The Committee of European Securities Regulators, CESR/08-277 2008, Rz 71

[384] Vgl. Europäische Kommission, Working Document (2008): S. 30

[385] Vgl. Standards&Poor's, Leadership Actions Update – 01.09.2009, http://www2.standardandpoors.com/spf/pdf/media/Leadership_Actions_Press_Release.pdf (09.04.2011).

[386] Vgl. Moody's Investors Service, Special Comment - December 2008 – Strengthening Analytical Quality and Transparency - An Update on Initiatives Implemented by Moody's over the Past Eighteen Months, http://v2.moodys.com/moodys/sbin/login/LoginPg.aspx?reqURL=%2Fmoodys%2Fcust%2Fresearch%2Fmdcdocs%2F3%2F25201%2F2007300000562366.pdf (13.04.2001).

[387] Vgl. Cramburg (2008): AG Report 2008, R338

Transparenz und Qualität des Ratingprozesses betreffen, zu beheben und das Vertrauen der Marktteilnehmer zurück zu gewinnen.

### 5.5.3 Die EU-Ratingverordnung

Die Ratingverordnung, kurz Rating-VO (EG) Nr. 1060/2009, die am 7. Dezember 2009 in Kraft trat, verfolgt im Wesentlichen zwei Ziele: Zum einen soll dadurch eine wirksame und zentralisierte Beaufsichtigung auf europäischer Ebene erreicht werden. Zum anderen verfolgt die Rating-VO eine größere Transparenz im Hinblick auf die Auftraggeber der Ratings, damit alle registrierten Rating-Agenturen Zugang zu den gleichen Informationen haben.[388] Die Europäische Kommission hatte im Herbst 2007 den CESR sowie die Expertengruppe Europäische Wertpapiermärkte ESME aufgefordert, Vorschläge zu Regulierungsmaßnahmen der Agenturen zu unterbreiten. Daraufhin hat die EU-Kommission am 12. November 2008 einen Vorschlag zu Regulierungsmaßnahmen von Agenturen eingereicht, wobei die Kommission weit über die Vorschläge von CESR hinaus geht. Wenngleich die meisten Regeln der Rating-VO sich auf die revidierten Standards des IOSCO-Kodex stützen, an denen sich auch die Regelungen der US-Börsenaufsichtsbehörde orientieren, gehen die Vorschläge der Kommission an manchen Stellen weiter als der freiwillige IOSCO-Kodex und die Regelungen in den USA.[389]

Die Rating-VO wird erheblichen Einfluss auf die Aktivitäten der Rating-Agenturen haben, die die Kreditwürdigkeit von Staaten, Unternehmen und komplexen Finanzinstrumenten beurteilen. Des Weiteren werden die Agenturen im Hinblick auf Integrität, Qualität sowie Transparenz in die Pflicht genommen, künftig hohe Standards zu erfüllen. Zudem werden diese durch die jeweilige Regulierungsbehörde laufend überwacht.[390] Die Verordnung sieht vor, dass die Rating-Agenturen, damit ihre Ratings für Aufsichtszwecke in der EU Verwendung finden, sich mind. in einem EU-Mitgliedsstaat registrieren lassen und die Standards der Verordnung einhalten müssen.[391]

Das Bundeskabinett brachte das Ausführungsgesetz im Januar 2010 auf den Weg, dem der Bundestag stimmte diesem am 6. Mai 2010 zu.[392] Als Aufsichtsbehörde wurde national die Bundesanstalt für Finanzdienstleistungsaufsicht (Bafin) beauftragt.[393] Seit 1. Januar 2011 ist nur noch zentral die neue europäische Börsen- und Wertpapieraufsichts-

---

[388] Vgl. Europäische Kommission, Amtsblatt der Europäischen Union, L302/1, 17.11.2009, http://eur-lex.europa.eu/LexUriServ/LexUriServ.do?uri=OJ:L:2009:302:0001:0031:DE:PDF (02.05.2011)
[389] Vgl. Eisen (2007): Haftung, S. 176
[390] Vgl. Europäische Kommission, Pressemitteilung, IP/09/629, 23.04.2009
[391] Vgl. o.V. Der Betrieb: Regulierung von Ratingagenturen. Heft 24 vom 18.06.2010, S. 941
[392] Vgl. . o.V. Der Betrieb: Regulierung von Ratingagenturen. Heft 24 vom 18.06.2010, S. 941
[393] Vgl. GEWINN-Wirtschaftsmagazin, Neues aus Brüssel, 01a/11 vom 18.01.2011

behörde ESMA (*European Securities & Market Authority*) für die Registrierung und Überwachung der Rating-Agenturen zuständig.[394] Diese neue Kontrollinstanz wurde als Reaktion auf die aktuelle Finanzkrise gegründet und soll die Überwachung von den nationalen Aufsehern vollständig übernehmen. Eine der wesentlichen Maßnahmen liegt darin, dass die Filialen der Rating-Agenturen ab 1. Januar 2011 eine Strafe von 20 Prozent des Umsatzes zahlen, wenn sie gegen EU-Recht verstoßen. Ferner soll bei besonders schweren Verstößen, bspw. wenn die Agenturen bestimmte Daten nicht offenlegen oder wenn Beratungsdienste für geprüfte Unternehmen angeboten werden, der Lizenz aberkannt werden. Eine Aberkennung der Lizenz betreffe lediglich die Tochterunternehmen der Agentur in dem jeweiligen Mitgliedsland.[395]

Da die Finanzmärkte global agieren und die Ratings oft über Grenzen hinaus gehen, soll durch die Verordnung auch gewährleistet sein, dass in Drittländern abgegebene Ratings für aufsichtsrechtliche Zwecke in der Gemeinschaft verwendet werden dürfen, soweit die dort zu erfüllenden Anforderungen genauso streng sind wie die in der EU-Verordnung vorgesehenen Anforderungen.[396]

Die als ECAIs registrierten Rating-Agenturen haben strengere Regeln zu befolgen, die sicherstellen, dass erstens die Ratings nicht durch Interessenskonflikte beeinflusst werden, zweitens die Agenturen laufend über die Qualität ihrer Ratingmethoden sowie ihrer Ratings wachen sollen und drittens, dass die Aktivitäten von den Agenturen transparent sind.[397] Zudem wird mit der Rating-VO ein wirksames Aufsichtssystem für die Überwachung der Rating-Agenturen durch die Regulierungsbehörde eingeführt.[398]

Die wesentlichen Punkte der Rating-VO sehen wie folgt aus:
- ➢ Die Rating-Agenturen dürfen künftig keine Beratungsdienste erbringen.
- ➢ Ratingprozesse müssen von weiteren Geschäftsfeldern der Agenturen getrennt werden.

---

[394] Vgl. Hieronimus (2011): EU will stärkere Regulierung – Chance für neue Anbieter?, Vermögen & Steuern (V&K) – 1/2011, S. 1

[395] Vgl. o.V. Krone.at, Barroso will EU-Überwachung der Ratingagenturen, http://www.krone.at/Welt/Barroso_will_EU-Ueberwachung_der_Ratingagenturen-Sanktionen_moeglich-Story-203093 (02.05.2011).

[396] Vgl. EURO-Lex – Amts für amtliche Veröffentlichungen der Europäischen Gemeinschaften, Amtsblatt Nr. L 302 vom 17/11/2009, S. 4, http://eur-lex.europa.eu/LexUriServ/LexUriServ.do?uri=OJ:L:2009:302:0001:01:DE:HTML (02.05.2011).

[397] Vgl. Europäische Kommission, Pressemitteilung, IP/09/629, 23.04.2009

[398] Vgl. EURO-Lex – Amts für amtliche Veröffentlichungen der Europäischen Gemeinschaften, Amtsblatt Nr. L 302 vom 17/11/2009, S. 29

Damit sollen Interessenskonflikte vermieden werden.[399]

> Sie dürfen Finanzinstrumente nur dann bewerten, wenn sie hierfür über genügend fundierte Informationen verfügen.

> Sie müssen die Modelle, Methoden und grundlegenden Annahmen, auf die sie ihre Ratings stützen, veröffentlichen.

Die Agenturen sind verpflichtet, die verwendeten Ratingmethoden und -Modelle regelmäßig zu überprüfen.[400]

> Sie müssen die Ratings von komplexeren Produkten mit einer speziellen Kennzeichnung versehen.

> Sie müssen alljährlich einen Transparenzbericht veröffentlichen.

> Sie müssen eine interne Kontrollstelle einrichten, die über die Qualität ihrer Ratings wacht.

> Außerdem müssen sie mind. zwei unabhängige Mitglieder in ihren Verwaltungs- oder Aufsichtsorgan berufen, deren Vergütung vom Unternehmensergebnis der Rating-Agentur entkoppelt ist. Ferner dürfen diese Mitglieder lediglich einmal für eine Amtszeit von höchstens fünf Jahren beordert und nur bei beruflichem Fehlverhalten entlassen werden. Dabei muss es sich bei mind. einem Mitglied um einen Experten für Verbriefung und strukturierte Finanzinstrumente handeln.

Die neuen Regelungen der Verordnung, die sich großteils auf die Standards des IOSCO-Kodex stützen, sind verbindlich.[401]

---

[399] Vgl. o.V. Der Betrieb: Regulierung von Ratingagenturen. Heft 24 vom 18.06.2010, S. 942
[400] Vgl. o.V. Der Betrieb: Regulierung von Ratingagenturen. Heft 24 vom 18.06.2010, S. 942
[401] Vgl. Europäische Kommission, Pressemitteilung, IP/09/629, 23.04.2009

# 6 Fazit

Für die Dynamik und das Ausmaß der Finanzkrise, die durch den Zusammenbruch des US- Hypothekenmarktes gekennzeichnet ist, bedarf es mehr als nur einer monokausalen Erklärung oder der Suche nach einem Hauptschuldigen. Einem Untersuchungsbericht der von US-Kongress eingesetztes Kommission zufolge war die folgenschwere Finanzkrise von 2008 vermeidbar. Die Kommission hatte seit Mai 2009 mehr als 700 Zeugen befragt und kam zu dem Schluss, dass die Krise die Folge des menschlichen Handelns und menschlicher Untätigkeit war. Darin werden die früheren Chef der US-Notenbank Alan Greenspan sowie dessen Nachfolger Ben Bernanke scharf kritisiert. Sie waren der Überzeugung, dass die Finanzinstitute sich selbst kontrollieren könnten und haben nach mehr Deregulierungsmaßnahmen gedrängt.[402] Auch der ehemalige demokratische Präsident Bill Clinton wird darin scharf kritisiert: Clintons Regierung habe mit seinen Lockerungen im Finanzwesen den Grundstein für die Krise gelegt. Zudem hätte das Finanzmanagement, insbesondere die der Investmentbanken mit ihrer „Gier" und Verantwortungslosigkeit zu der Krise beigetragen.[403] Aber um es noch mal auf die Rolle der Rating-Agenturen zurück zu kommen wird folgendes ersichtlich: Die Rating-Agenturen gehören aufgrund ihrer Indienstnahme zu Regulierungszwecken, ihrer elementaren Bedeutung für die Koordination weltweiter Kapitalströme, sowie ihre Einflussnahme auf die Finanzierungssituation von Unternehmen und ganzen Staaten zu den wichtigsten Akteuren der globalen Finanzmärkte. Dabei haben Ratings in der jüngsten Vergangenheit eine Bedeutung erlangt, die weit über den eigentlichen Sinn und Nutzen hinausgeht. So stellen sie bei Investitionsentscheidungen nicht nur eine Orientierungshilfe dar. Sie wurden quasi als Eintrittskarte zu den Kapitalmärkten verlangt. Ebenso dienen sie als Grundlage bei Kapitalmarktregulierungen und wurden von vielen Analysten, Investoren und auch Banken zum Automatismus bei der Betrachtung von Anlage-, Investitions- oder Kreditrisiken erhoben. Die Analyse in dieser Untersuchung hat gezeigt, welche Funktion die Ratings für Marktteilnehmer darstellen. Während auf Emittentenseite die Ratings als Zertifizierung und demzufolge der Zugang zu Kapitalmarkt bedeuten, tragen sie aus Sicht der Investorenseite zur Reduktion von Kosten der Informationserhebung bei. Überdies ziehen die Aufsichtsbehörden die Ratings von anerkannten Agenturen

---

[402] Vgl. o.V. HNA 26.01.2011): Untersuchungsbereicht: Finanzkrise war vermeidbar, http://www.hna.de/nachrichten/wirtschaft-finanzen/untersuchungsbericht-finanzkrise-vermeidbar-1097595.html (11.05.2011).

[403] Vgl. o.V. derStandard.at (26 Januar 2011): Die Finanzkrise wäre vermeidbar gewesen, http://derstandard.at/1295570903782/US-Ausschuss-Finanzkrise-waere-vermeidbar-gewesen (11.05.2001).

(ECAI für Basel II und NRSRO in de USA) zu Regulierungszwecken heran. Demzufolge wird den privatwirtschaftlich betriebenen und gewinnorientierten Institutionen eine quasi-hoheitliche Marktaufsichtsfunktion zugeschrieben. Insofern stellt das Vertrauen der Marktteilnehmer in die Qualität und Verlässlichkeit der Ratings die Grundlage für die Funktionsfähigkeit dieses Marktsegments dar. Die Turbulenzen an den Finanzmärkten wurden jedoch durch einen umfassenden Vertrauensverlust hinsichtlich der Qualität von strukturierten Finanzprodukten ausgelöst. Hierzu haben auch die Defizite im Ratingprozess dazu beigetragen, wenngleich diese nicht die einzige Ursache waren. Im Rahmen dieser Arbeit wurde auch ersichtlich, dass die Rating-Agenturen der Rolle eines Frühwarnsystems sowie der Aufgabe der Risikostreuung insbesondere bei strukturierten Produkten nicht gewachsen waren. Im Gegenteil, die Bescheinigung über zu geringe Ausfallwahrscheinlichkeit der „toxischen" Papiere und verspätete Reaktion auf Marktveränderungen hat die Krise weiter verschärft. Daher müssen die Agenturen strenge und systematische Bewertungsmodelle anwenden und sie regelmäßig der historischen Validierung unterziehen, um die Qualität und Integrität des Ratingprozesses zu gewährleisten. Insofern sind die eingeleiteten Regulierungsmaßnahmen, die Agenturen zu mehr Verantwortung fordern und insbesondere die Unterbindung von Beratungsdienste, zu begrüßen. Um die Unabhängigkeit und die Qualität der Ratings zu gewährleisten dürfen die Maßnahmen jedoch nicht zu einer staatlichen Regulierung des Ratings führen. Viel sinnvoller erscheint dem Verfasser die Marktakteure stärker in die Pflicht zu nehmen, um eigene Risikoprüfungen durchzuführen sowie mehr Eigenverantwortung zu übernehmen, statt Investitionsentscheidungen auf die Agenturen abzuwälzen, welche von Auftraggeber dieser Finanzprodukte bezahlt werden. Unter Reputations-Gesichtspunkten liegt es auch ohne staatliche Regulierung im Interesse der Agenturen, die vorhandenen Interessenskonflikte und Schwächen beim Ratingprozess zu beseitigen, um das Vertrauen der Marktteilnehmer zurückzugewinnen.

# Literaturverzeichnis

## Verzeichnis der Bücher, Zeitschriften und Aufsätze

Achleitner, A/Everling, O/Niggemann, K: Finanzrating (2007): Gestaltungsmöglichkeiten zur Verbesserung der Bonität, 1. Aufl. Gabler Verlag, Wiesbaden 2007.

Altenburg, Michael (2008: Die Systemkrise der Disintermediation - zu den Herausforderungen eines Paradigmenwechsels, Kreditwesen –Zeitschrift für das Gesamte Kreditwesen, Heft 61 01/2008, S. 170

Asmussen, Jörg (2005): Rating-Agenturen und Finanzaufsicht, Betriebswirtschaftliche Forschung und Praxis (BFuP), Verlag Neue Wirtschaftsbriefe, Herne/Berlin, Jg. 57 (2005), Heft 3, S. 246-255.

Balzli, Beat/Hornig, Frank (2009): Die Krisen-Verschärfer, in: Der Spiegel 19/2009, S. 64

Bank for International Settlements, Basel Committee on Banking Supervision Working Papers – No 3 August 2000 – Credit Ratings and Complementary Sources of Credit Quality Information 2000.

Bär, Hans Peter (1997): Asset Securitisation – Die Verbriefung von Finanzaktiven als innovative Finanzierungstechnik und neue Herausforderungen für Banken, 1. Aufl. Haupt Verlag,Bern 1997. (zugl.: Diss. Bank- und finanzwirtschaftliche Forschungen, Wien).

Basel Committee on Banking Supervison Working Papers, No. 3 – 08/2000, Credit Rating and Complementary Sources of Credit Quality Information

Bastürk, Buket (2009): Rating-Agenturen, ihre Methoden und Risikobewertungen, in: Elschen/Lieven (Hrsg), Der Werdegang der Krise – Von der Subprime- zur Systemkrise, 1. Aufl. Gabler Verlag, Wiesbaden 2009.

Bauer, Denise Alessandra (2009): Ein Organisationsmodell zur Regulierung der Rating-Agenturen – Ein Beitrag zur regulierten Selbstregulierung am Kapitalmarkt, Nomos Verlag Hamburg. (zgl. Diss. Universität Hamburg 2009).

Bechtold, Hartmut (2008): Der deutsche Verbriefungsmarkt im Griff der Subprime-Krise, Kreditwesen - Zeitschrift für das gesamte Kreditwesen 09/2008.

Becker-Melching (2004): Bericht über die Rolle und Methoden von Rating-Agenturen, WM 2004, S. 546

Berblinger, Jürgen(1996): Marktakzeptanz des Rating durch Qualität, in: Büschgen, Hans E./Everling, Oliver (Hrsg), Handbuch Rating, Gabler Verlag, 1. Aufl. Wiesbaden 1996.

Bieta/Sewing (2008): Die Stunde der Regulierer - Eine Analyse der Notenbankpolitik mit Hilfe der Spieltheorie, ÖBA10/2008, S. 701-709

Blaurock, Uwe (2005): Verantwortlichkeit von Ratingagenturen – Steuerung durch Privat- oder Aufsichtsrecht? Zeitschrift für Unternehmens- und Gesellschaftsrecht (ZGR), Vol. 36, 10/2007, S. 603 - 653

Bloss/Ernst/Häcker/Eil (2009): Von der Subprime-Krise zur Finanzkrise - Immobilienblase: Ursachen, Auswirkungen, Handlungsempfehlungen, 1. Aufl., Oldenbourg Verlag, München 2009.

Brabänder, Bernd (2008): Subprime Krise - Die Rolle der Rating-Agenturen, Die Bank – Zeitschrift für Politik und Praxis, Heft 57. 2008/8, S. 8-15

Braun, Peter/ Gstach, Oliver (2003: Rating kompakt – Basel II und die neue Kreditwürdigkeitsprüfung, 1. Aufl. Kognosbraun Verlag, Augsburg 2003.

Cantor, Richard (2001): Moody's Investor Service response to the consultativ paper issued by the Basel Committee on Bank Supervision „A new capital adequacy framework", Journal of Banking&Finance 2001, (179).

Cantor, Richard/Packer, Frank (1994): The Credit Rating Industry, in Quarterly Review Federal Reserve Bank of New York, Summer/Fall 1994.

Cervone, E. (2008): Regulating Credit Agencies in a Transatlantic Dialogue, EBLR (European Business Law Review), Vol. 19, No. 5, 2008, 821 – 881.

Däubler, Wolfgang (2003): Wer kontrolliert die Rating-Agenturen?, in: NJW (Neue Juristische Wochenschrift) 2003, S. 1096.

Deipenbrock, Gudula (2005): Aktuelle Rechtsfragen zur Regulierung des Ratingwesens, in: Wertpapier-Mitteilungen,WM 2005, S. 261-268.

Deipenbrock, Gudula (2005): Was ihr wollt oder der Widerspenstigen Zähmung? - Aktuelle Entwicklungen der Regulierung von Ratingagenturen im Wertpapierbereich, in: BB 2005, S. 2085-2090

Deipenbrock, Gurdula (2003): Externes Rating – „Heilversprechen für internationale Finanzmärkte"?, in: BB Heft 36/2003, S. 1849-1854

Deipenbrock, Gurdula (2007): Der US-amerikanische Rechtrahmen für das Ratingwesen – ein Modell für die europäische Regulierungsdebatte?, Zeitschrift für Wirtschaft- und Bankrecht, 48/2007, Seiten 2217-2264.

Der Betrieb : Regulierung von Ratingagenturen. Heft 24 vom 18.06.2010, (941-945).

Deutsche Bank: Finanzstabilitätsbericht, Sonderaufsätze – Risikofaktoren für das deutsche Finanzsystem, 11/2007, Frankfurt am Main

Eisen, Mathias (2007): Haftung und Regulierung internationaler Rating-Agenturen, in Frankfurter wirtschaftsrechtliche Studien, Band 84, Peter Lang Verlag, Frankfurt/Main 2007. (zugl.: Diss. Frankfurt a.M., 2007).

Emmenegger (2006): Die Regulierung von Rating-Agenturen, in: SZW/RSDA 1/2006, S 32-40.

Europäische Kommission, Pressemitteilung - Konsultationsdokument der Kommissionsdienststellen zu den Ratingagenturen, IP/08/1224, 31.7.2008.

Europäische Kommission,Commission Staff  Working Document accopanying the Proposal for a Regulation of The European Parliament and of The Council on Credit Rating Agencies – Impact Assessment, SEC (2008) 2745, 12.11.2008.)

Europäische Zentralbank (2009): Ratingagenturen: Entwicklungen und politische Grundsatzfragen, Monatsbericht Mai 2009

European Commission - MEMO/08/691, Ratingagenturen: Häufig gestellte Fragen (FAQ), 12. November 2008, Word.doc. S. 10

Everling, Oliver (1991): Credit Rating durch internationale Agenturen, Wiesbaden 1991, (zugl. Diss. Universität Köln, 1991).

Everling, Oliver (1996): Ratingagenturen an nationalen und internationalen Finanzmärkten, in: Büschgen/Everling (Hrsg), Handbuch Rating, 1. Aufl., Gabler Verlag, Wiesbaden 1996.

Everling, Oliver (2007): Rating, in: Knapps Enzyklopädisches Lexikon des Geld-, Bank- und Vermögenwesens, 5. Aufl. Frankfurt 2007.

Everling, Oliver/Schneck Ottmar (2004): Das Rating ABC, 1. Aufl. Bunk Verlag GmbH, Köln 2004.

Everling/Trieu: Ratingagenturen Weltweit, in: Büschgen/Everling (Hrsg), Handbuch Rating, Gabler Verlag, 2. Aufl. Wiesbaden (2007).

Fischer zu Cramburg (2006): Kredit-Rating-Agenturen: Kommission verzichtet auf neue Rechtsinitiativen, AG Report 2006, R34 (R34)

Fischer zu Cramburg (2008): Internationale Debatte um die Regulierung von Ratingagenturen, AG Report 2008, R338 (R338)

Frühwirth (2007): Handout zum Referat Asset-Backed Securities (ABS) und Mortgage-Backed Securities (MBS), 2007.

Gärtner, M. (2007): Ratingagenturen: Vorauseilende Reformen, in: Sparkasse, Nr. 10/2007, S. 24.

GEWINN-Wirtschaftsmagazin, Neues aus Brüssel, 01a/11 vom 18.01.2011

Gleißner, W./Füser, K. (2003): Leitfaden Rating – Basel II: Rating-Strategien für den Mittelstand, 2. Aufl. Verlag Vahlen, München 2003.

Habersack, M. (2005): Rechtsfragen des Emittenten-Ratings, in: ZHR 166/2005 (169).

Hagedorn, Dr. D. (2007:: Die Subprime-Krise und ihre Folgen: Turbulenzen an den Finanzmärkten, Die Bank 12/2007.

Halfpap, Patrick (2007): Kapitalmarktaufsicht in Europa und den USA, 1. Aufl., Peter Lang Verlag, Frankfurt/Main 2007.

Harbrecht/Wieland: Ist eine europäische Ratingagentur sinnvoll, und wie sollte sie organisiert sein? Ifo Schnelldienst 1/2010 – 63. Jahrgang.

Hartmann-Wendels/Lieberoth-Leden/Mählmann/Zunder (2005): Entwicklung eines Ratingsystems für mittelständische Unternehmen und dessen Einsatz in der Praxis, in: Neupel/Rudolph/Hahnenstein (Hrsg), zfbf Sonderheft 52. Jg., Nr. 5, S. 1-29: Aktuelle Entwicklungen in Bankcontrolling: Rating, Gesamtbanksteuerung und Basel II (2005).

Heinke, Volker (2000): Der Signal- und Zertifizierungswert von Credit Ratings am Euromarkt, in: Die Betriebswritschaft (DBW), 60. Jg., Nr. 3, (2000), 314.

Heinke, Volker (2005): Informationswert von Credit Ratings, in: Everling/Schmidt-Bürgel (Hrsg), Kapitalmarktrating – Perspektiven für die Unternehmensfinanzierung, Gabler Verlag, Wiesbaden 2005.

Heinke, Volker/Steiner, Manfred (2002): Rating am europäischen Kapitalmarkt: Aktuelle Entwicklungstendenzen – Teil I, 2. Jg. Finanz Betrieb 1/2000, S. 1-8.

Heinke, Volker/Steiner, Manfred (2005: Rating aus Sicht der modernen Finanzierungstheorie, in: Büschgen/Everling (Hrsg), Handbuch Rating, Gabler Verlag, 2. Aufl. Wiesbaden 2007 (655).

Herfurth, Sebastian (2010): Die Regulierung von Ratingagenturen unter Basel II, EUL Verlag, 1. Aufl. Köln 2010. (zugl.: Diss. Rheinische Friedrich-Wilhelms-Universität, Frankfurt).

Hieronimus, E. (2011): EU will stärkere Regulierung – Chance für neue Anbieter?, Vermögen & Steuern (V&K) – 1/2011

Hill, Clair A. (2004): Regulating the Rating Agencies, Washington University Law Quarterly Vol. 82, 2004 S. 43.

Hofmann/Pluto (2005): Zentrale Aspekte der neuen aufsichtlichen Eigenmittel Empfehlungen (Basel II), in: Neupel/Rudolph/Hanhnenstein (Hrsg), zfbf Sonderheft 52: Aktuelle Entwicklungen im Bankcontrolling: Rating, Gesamtmarktsteuerung und Basel II, Peter Lang Verlag, Frankfurt 2005 (241).

Holschuh (2009): Funktion und Bedeutung von Shadow-Ratings im Credit Research, in: Everling/Holschuh/Leker (Hrsg.) Credit Analyst, Oldenbourg Verlag, München 2009.

Holz, Robert (1998): Was sind Ratings wert? Ein Vorschlag zur Transparenz und zur Methodik Versicherungswirtschaft, Heft 21/1998, 1493-1498.

Horsch, Andreas (2008): Rating und Regulierung – Ökonomische Analyse der Prozesse, Strukturen und Regeln der Märkte für Ratings, 1. Aufl., Nomos Verlagsgesellschaft Baden-baden 2008.

HVB Rating Advisory, München 2003.

International Monetary Fund (IMF), Press Points for Chapter 1: Navigating the Financial Challenges Ahead. Global Financial Stability Report (GFSR), Oktober 2009.

Kern, Markus (2003): Securitization – Allheilmittel für die Bundesliga?, Die Bank Heft 07/2003, S. 444-449.

Kerwer, Dieter (2001): Standardising as Governance: The Case of Credit Rating Agencies. MPI Collective Goods Preprint, No. 2001/3. Bonn: Max-Planck-Projektgruppe Recht der Gemeinschaftsgüter.

Klein, Dietmar (2008): Turbulenzen an den internationalen Finanzmärkten - Ursachen, Auswirkungen und Lehren, in: Kreditwesen - in: Zeitschrift für das gesamte Kreditwesen, 02/2008, 81.

Kley, C. (2001): Qualitätssicherung im Ratingwesen, in: Everling (Hrsg), Rating – Chance für den Mittelstand nach Basel II – Konzepte zur Bonitätsbeurteilung Schlüssel zur Finanzierung, 1. Aufl. Gabler Verlag, Wiesbaden 2001.

Kniese, Wolfgang (1996): Die Bedeutung der Rating-Analyse für deutsche Unternehmen. Deutscher Universitätsverlag, Wiesbaden 1996.

Kölbach/Macke/Schönwitz (2009): Krisenmanagement und Krisenprävention Eine Analyse des Umgangs mit der Finanz- und Wirtschaftskrise, Kreditwesen (ZfdK), 62.Jg. 15.01.2009, Heft 2, S. 7.

Krassin/Tran/Lieven (2009): Asset Backed Securities (ABS) und ihr Einfluss auf die Entwicklung der Finanzkrise, in: Elschen/Lieven (Hrsg), Der Werdegang der Krise – Von der Subprime- zur Finanzkrise, 1. Aufl., Gabler Verlag, Wiesbaden 2009.

Kruse (2005): Verhaltenskodex der IOSCO - hinreichendes Instrument für eine Regulierung?
in Achleitner/Everling (Hrsg), Rechtsfragen im Rating - Grundlagen und Implikationen von Ratings für Agenturen, Investoren und geratete Unternehmen (2005) S. 3.

Leker, Jens/Botterweck, Birgit (2007): Entwicklung von Ratingstandards, in: Büschgen/Everling (Hrsg) Handbuch Rating, 2. Aufl., Gabler Verlag, Wiesbaden 2007.

Meixner, S. (2009): Wirtschaftspolitische Stabilisierung der Aktienmärkte und die Rolle der Rating-Agenturen, (zugl.: Diss. Technischen Universität Berlin, 2009).

Möllers, T. (2009): Von Standards zum Recht - auf dem Weg zu einer Regulierung der Ratingagenturen in Europa und den USA, in: Zeitschrift für das Juristische Studium, März 2009, S. 227–235.

Morkötter/ Westerfeld (2008): Asset Securitisation: Die Geschäftsmodelle von Ratingagenturen im Spannungsfeld einer Principal-Agent-Betrachtung, in: Zeitschrift für das gesamte Kreditwesen, September 2008, S. 393–396.

Mühl, Thomas (2007): Die zivilrechtliche Verantwortlichkeit von Ratingagenturen und Banken für fehlerhafte Ratings: Haftungsragen aus juristisch-wirtschaftlicher Perspektive, Dresden: Bibliographischer Datensatz im SWB-Verbund 2007, (zugl. Diss. Dresden, 2007).

Niedostadek, André (2006): Rating – Eine Einführung für Rechtsanwälte und Unternehmensjuristen, 1. Aufl., Schmidt Verlag, Berlin 2006.

Norden/Weber (2005): Möglichkeiten und Grenzen der Bewertung von Ratingsystemen durch Markt und Staat, in: Neupel/Rudolph/Hahnnenstein (Hrsg), in: zfbf Sonderheft 52: Aktuelle Entwicklungen im Bankcontrolling: Rating, Gesamtmarktsteuerung und Basel II.

Pape, Ulrich/Schlecker, Matthias (2009): Reaktion von Credit Spreads auf Finanzmarktkrisen am Beispiel der Subprime-Krise und der LTCM-Krise Finanz Betrieb, Jg. 11, Nr. 1, S. 38-45.

Partnoy, Frank (1993): The Siskel and ebert of Financial Markets?: Two Thumbs Down fort he Credit Rating Agencies, Waschington University Law Quarerly 1993 (619).

Peters, Andreas (2001): Die Haftung und die Regulierung von Rating-Agenturen, Studien zum Handels-, Arbeits- und Wirtschaftsrecht, Band 69. 2001

Peters, Andreas C. (2001): Die Haftung und die Regulierung von Rating-Agenturen, Studien zum Handels-, Arbeits- und Wirtschaftsrecht, Bd. 69, Baden-Baden 2001.

Piwald, Wolfgang (2005): Rating-Agenturen – Arbeitsweise, Rechtslage, Entwicklung, 1. Aufl., VDM Verlag, Saarbrücken 2005.

Poon, W.P.H. (2003): Are unsolicited credit ratings biased downward?, in: Journal of Banking & Finance 2003, Vol. 27, No, o.O., S. 593-614.

Reichling/Bietke/Henne (2007): Praxishandbuch Risikomanagement und Rating– Ein Leitfaden, 2. Aufl. GWV Fachverlage GmbH, Wiesbaden 2007.

Reidenbach, Dirk (2006): Aktienanalysten und Ratingagenturen Wer überwacht die Überwacher? 1- Aufl. Peter Lang Verlag, Frankfurt 2006

Richter, Malte (2008): Die Verwendung von Ratings zur Regulierung des Kapitals – Eine vergleichende Untersuchung nach US-amerikanischen und deutschem Recht, 1. Aufl., Peter Lang Verlag, Fraunkfurt/M. 2008.

Richter, Malte (2008): Ratings oder Credit Spreads - mögliche Anknüpfungspunkte für eine Kapitalmarktregulierung, Wertpapiermitteilungen (WM) 5/2008 S. 960.

RICHTLINIE 93/6/EWG DES RATES vom 15. März 1993 über die angemessene Eigenkapitalausstattung von Wertpapierfirmen und Kreditinstituten

DER RAT DER EUROPAEISCHEN GEMEINSCHAFTEN, http://www.bundesbank.de/download/bankenaufsicht/pdf/rl93_6.pdf (19.01.2011).

RL 2006/49/EG des Europäischen Parlaments und des Rates vom 14. Juni 2006 über die angemessene Eigenkapitalausstattung von Wertpapierfirmen und Kreditinstituten, ABl L 2006/177, S. 201

Rögner, Herbert (2005): Ausgewählte Rechtsfragen zur Regulierung von Ratingagenturen, in Achleitner, Ann-Kristin/Everling, Oliver (Hrsg): Rechtsfragen im Rating – Grundlagen und Implikationen von Ratings für Agenturen, Investoren und geratete Unternehmen, 1. Aufl. Wiesbaden 2005.

Rom, M.C. (2009): The Credit Rating Agencies and the Subprime Mess: Greedy, Ignorant, and Stressed?, in: Public Administration Review, Vol. 69 (2009), S. 640–650

Rosenbaum, Jens (2004): Der Einsatz von Rating-Agenturen zur Kapitalmarktregulierung in den USA: Ursachen und Konsequenzen, REGEM Analysis 8, Februar 2004, Univ. Trier.

Rosenbaum, Jens (2009): Der politische Einfluss von Rating-Agenturen, 1. Aufl. VS Verlag, Wiesbaden 2009.

Rudolph (2008): Lehren aus den Ursachen und dem Verlauf der internationalen Finanzkrise, in: Zeitschrift für betriebswirtschaftliche Forschung, 60. Jg. Nr. 11 (2008), S. 713–741.

Sachverständigenrat zur Begutachtung der gesamtwirtschaftlichen Entwicklung, Die Finanzkrise meistern - Wachstumskräfte stärken. Jahresgutachten 2008/2009, Wiesbaden 2008. http://www.sachverstaendigenrat-wirtschaft.de/fileadmin/dateiablage/download/gutachten/ga08_ges.pdf

Sanio, Jochen (2008): Giftmüll im internationalen Finanzsystem - Abfuhr tut not, Kreditwesen - Zeitschrift für das gesamte Kreditwesen Heft 61 (2008) S. 16 – 18.

Schmidt, Reinhard (2006): Zur Entwicklung des Rating in Deutschland, in: Kürble/Reichling (Hrsg), Rating und Kapitalanlage in schwierigen Zeiten, 1. Aufl., VVW Verlag, Karlsruhe 2006 (49).

Schneider, Dieter (1997): Betriebswirtschaftslehre Bd. III – Theorie der Unternehmung, München-Wien 1997.

SEC, Report on the Role and Function of Credit Rating Agencies in the Operation of the Securities Markets as Required by Section 702(b) of the Sarbanes Oxley Act of 2002.

Securities and Exchange Commission (SEC), Summary Report of Issues Identified in the Commission Staff's Examinations of Select Credit Rating Agencies, Washington D.C. 2008b S. 32.

Siddiqui/Seckelmann (2009): Der Subprime-Kollaps: Ursachen, Auswirkungen und Implikationen für staatliches Handeln, in: dms (der moderne staat), Zeitschrift für Public Policy, Recht und Management, 2.Jg, 1.Halbjahr 2009, (144-192).

Sinclair, Timothy J. (2005): The New Master of Capital: American Bond Rating Agencies and the Politics of Creditworthiness (Cornell Studies in Political Economy), Cornell University Press, Ithaca, 2005.

Steiner/Starbatty (2003): Bedeutung von Ratings in der Unternehmensfinanzierung, in: Achtleitner/Everling (Hrsg) Rating Advisory, Gabler Verlag, Wiesbaden 2003.

Strunz-Happe (2005): Ein Ordnungsrahmen für Rating-Agenturen - Bericht über die internationalen und nationalen Bestrebungen, , in: BFuP 2005, S. 233

Subprime-Verbriefungen und das Gewerbepolizeirecht des KWG, ZFGK - Zeitschrift für das gesamte Kreditwesen 04, 15.02.2011 (192)

Syring, Johanna/Thelen-Pischke, Hiltrud (2008): Regulatorische Aufarbeitung der Subprime-Krise, Kreditwesen – Zeitschrift für das gesamte Kreditwesen Heft 18/ 15.09.2008 S. 904-906.

Templin, Hans-Ulrich (2009): Credit Ratings, in: Everling/Holschuh/Leker (Hrsg.) Credit Analyst, Oldenbourg Verlag, München 2009.

The Committee of European Securities Regulators, CESR/04-612b – CESR's technical advice to the European Commission on possible measures concerning credit rating agencies – Consultative Paper 2004.

The Committee of European Securities Regulators, CESR/05-139b – CERS's technical advice to the European Commission on possible measures concerning credit rating agencies 2005.

The Committee of European Securities Regulators, CESR/06-107 - Update on CESR's dialogue with Credit Rating Agencies to review how the IOSCO code of conduct is being implemented (2006) I. Fn. 550

The Committee of European Securities Regulators, CESR/08-277 - CESR's Second Report to the European Commission on the compliance of credit rating agencies with the IOSCO Code and The role of credit rating agencies in structured finance (2008) Rz 225

Vetter, Eberhard (2004): Rechtsprobleme des Externen Ratings, in: Wertpapiermitteilungen - Zeitschrift für Wirtschafts- und Bankrecht, Heft 35, Seiten 1701 - 1712

von Maltzen, Pacheco (2000): The Influence of ratings on International Finance Markets, Deutscher Universitäts-Verlag 2000.

von Pföstl, Geoerg (2005): Messung und Modellierung der Ausfallwahrscheinlichkeit von Krediten – Unter besonderer Berücksichtigung der Vorschläge der Neuen Baseler Eigenkapitalvereinbarungen und der Vorgehensweise der Ratingagenturen, Finanzmanagement, Band 29, Hamburg 2005.

von Randow, Philipp (1996): Rating und Regulierung, in: Büschgen, Hans E./Everling, Oliver (Hrsg), Handbuch Rating, 1. Aufl., Gabler Verlag, Wiesbaden 1996.

von Schweinitz, Oliver (2008): Die Haftung von Ratingagenturen, WM 2008, 953 (953).

Wagner, Wolf Ch. (1991): Rating mittelständischer Unternehmungen – Fundierung und Konzeption einer standardisierten Unternehmensbeurteilung durch Rating, 1. Aufl. Peter Verlag, Frankfurt 1991.

Wambach/Kirchner (2002): Unternehmensrating: Weit reichende Konsequenzen für mittelständische Unternehmen und Wirtschaftsprüfer, BB 57 Jg., Nr. 8, 2002, 400-405.

Wappenschmidt, Christian (2008): Ratinganalyse durch internationale Ratingagenturen – Empirische Untersuchung für Deutschland, Österreich und die Schweiz, 1. Aufl. Peter Lang Verlag, Frankfurt 2008.

Weber, M (2008): Lehren aus den Finanzmarktturbulenzen. Positionen des Bankverbandes, Banken Verband – Bundesverband Deutscher Banken, Berlin, 08/2008

Weber/Müller/Sorg (2008): Rating & Controlling, in: Weber (Hrsg) Das Advanced-Controlling-Handbuch Volume 2 – Richtungsweisende Konzepte, Steuerungssysteme und Instrumente, 1. Aufl., Wiley-VCH Verlag, Weinheim 2008.

Wieben, Hans-Jürgen (2004): Credit Rating und Risikomanagement – Vergleich und Weiterentwicklung der Analysekonzepte, 1. Aufl., Gabler Verlag, Wiesbaden 2004.

Witte, Jürgen./Hrubesch Boris (2004): Rechtsschutzmöglichkeiten beim Unternehmens-Rating, ZIP 2004, (1304).

## Verzeichnis der Internetdokumente

BaFin, Bundesanstalt für Finanzdienstleistungsaufsicht, Benennung von Ratingagenturen und Exportversicherungsagenturen nach der Solvabilitätsverordnung (Stand: 20.02.2008)
http://www.bafin.de/cln_011/nn_721290/SharedDocs/Veroeffentlichungen/DE/Service/Merkblaetter/mb__080220__ratingagenturen__exportvers.html?__nnn=true
(07.04.2011)

Bocquel, Ellen (17.06.2009): Rating nur als Meinungen und nicht als Empfehlung werten, http://www.versicherungsmagazin.de/Aktuell/Nachrichten/195/12632/Rating-nur-als-Meinungen-und-nicht-als-Empfehlung-werten.html, (15.01.2011).

CEP – Centrum für Europäische Politik (23.08.2008): Vorschlag KOM(2010) 289 vom 2. Juni 2010 für eine Verordnung des Europäischen Parlaments und des Rates zur Änderung der Verordnung (EG) Nr. 1060/2009 über Ratingagenturen
http://www.cep.eu/fileadmin/user_upload/Kurzanalysen/AEnderungs-VO_Ratingagenturen/KA_VO-Ratingagenturen.pdf (25.04.2011).

derStandard.at (26 Januar 2011): Die Finanzkrise wäre vermeidbar gewesen, http://derstandard.at/1295570903782/US-Ausschuss-Finanzkrise-waere-vermeidbar-gewesen (11.05.2001).

Doerfler, Kordula (13.03.2008): Der Jahrhundertprozess soll endlich beginnen, http://sc.tagesanzeiger.ch/dyn/news/wirtschaft/851270.html, (04.01.2011).

EURO-Lex – Amts für amtliche Veröffentlichungen der Europäischen Gemeinschaften, Amtsblatt Nr. L 302 vom 17/11/2009, S. 4, http://eur-lex.europa.eu/LexUriServ/LexUriServ.do?uri=OJ:L:2009:302:0001:01:DE:HTML (02.05.2011).

Europäische Kommission, Amtsblatt der Europäischen Union, L302/1, 17.11.2009, http://eur-lex.europa.eu/LexUriServ/LexUriServ.do?uri=OJ:L:2009:302:0001:0031:DE:PDF (02.05.2011)

Europäische Kommission, DG Markt Service Document – Tackling the problem of excessive reliance on ratings, http://ec.europa.eu/internal_market/consultations/docs/securities_agencies/consultation-overreliance_en.pdf (19.01.2011).

Europäische Kommission, Pressemitteilung - Konsultationsdokument der Kommissiondienststellen zu den Ratingagenturen, IP/09/629, 31.7.2008. http://europa.eu/rapid/pressReleasesAction.do?reference=IP/09/629&format=HTML&aged=0&language=DE&guiLanguage=en (02.05.2011)

FAZ Börsenlexikon, Stichwort: Emittent, http://boersenlexikon.faz.net/emittent.htm, (6.01.2011).

Fender, Ingo/Mitchell, Janet (2005): Strukturierte Finanzierungen: Komplexität, Risiken und die Rolle von Ratings, BIZ-Quartalsbericht, 06/2005, http://www.bis.org/publ/qtrpdf/r_qt0506ger_f.pdf (15.03.2011).

Finma – Eidgenössische Finanzmarktaufsicht: (25.03.2011): Änderung FINMA-Rundschreiben 2008/26 „Ratingagenturen" – Erläuterungsbericht, S. 9, http://www.finma.ch/d/regulierung/anhoerungen/Documents/eb-rs-ratingagenturen-20110325-d.pdf (20.03.2011, S.9).

Gabler Wirtschaftslexikon online, Stichwort: Bretton-Woods-System, http://wirtschaftslexikon.gabler.de/Definition/credit-rating.html (15.01.2010).

Gras, Isabelle (2003): The Power to Rate. Eine Untersuchung zur Rolle der Ratingagenturen auf den Internationalen Kapitalmärkten, REGEM Analysis No. 6, Mai 2003, Univ. Trier, http://www.chinapolitik.de/studien/regem/regem_no6.pdf (15.01.2010).

HNA 26.01.2011): Untersuchungsbericht: Finanzkrise war vermeidbar, http://www.hna.de/nachrichten/wirtschaft-finanzen/untersuchungsbericht-finanzkrise-vermeidbar-1097595.html (11.05.2011).

International Organization of Securities Commissions, International Cooperation in Oversight of Credit Rating Agencies - Note - March 2009, S. 5, http://www.iosco.org/library/pubdocs/pdf/IOSCOPD287.pdf (10.04.2011)

International Organization of Securities Commissions. Media Release - IOSCO to implement changes to Code of Conduct for Credit Rating Agencies, S. 1, http://www.iosco.org/news/pdf/IOSCONEWS120.pdf (14.04.2011).

International Organization of Securities Commissions. The Role of Credit Rating Agencies in Structured Finance Markets - Technical Committee of the International Organization of Securities Commissions - May 2008, http://www.iosco.org/library/pubdocs/pdf/IOSCOPD270.pdf (11.03.2011).

Jochen Sanio in einer öffentlichen Anhörung des Bundestags-Finanzausschusses in Berlin. Wortprotokoll, Deutscher Bundestag, 15. Wahlperiode, Finanzausschuss, 7. Ausschuss, Protokoll Nr. 20, 4. http://dipbt.bundestag.de/doc/btd/15/017/1501759.pdf (15.02.2011)

Kemmer, Michael, Was nützt eine europäische Rating-Agentur?, Defacto, Bundesverband deutscher Banken, Ausgabe 14, http://www.bankenverband.de/themen/politik-gesellschaft/defacto/defacto-14/was-nuetzt-eine-europaeische-rating-agentur (04.05.2011).

Kerwer, Dieter (2002): Rating Agencies: Setting a Standard for Global Financial Markets, in: Economic Sociology. European Electronic Newsletter Vol. 3, No. 3 (June 2002), http://econsoc.mpifg.de/archive/esjune02.pdf (15.01.2011).

Krone.at, Barroso will EU-Überwachung der Ratingagenturen, http://www.krone.at/Welt/Barroso_will_EU-Ueberwachung_der_Ratingagenturen-Sanktionen_moeglich-Story-203093 (02.05.2011).

Lobbypedia: Stichwort; Ratingagenturen, http://www.lobbypedia.de/index.php/Ratingagenturen (16.01.2011).

Manager Magazin (01.06.2010): Braucht Europa eine eigene Ratingagentur?, http://www.manager-magazin.de/finanzen/artikel/0,2828,697925,00.html (19.04.2011).

Moody's Investors Service, Special Comment - December 2008 – Strengthening Analytical Quality and Transparency - An Update on Initiatives Implemented by Moody's over the Past Eighteen Months, http://v2.moodys.com/moodys/sbin/login/LoginPg.aspx?reqURL=%2Fmoodys%2Fcust%2Fresearch%2Fmdcdocs%2F3%25201%2F2007300000562366.pdf (13.04.2001).

Müller, Klaus-Peter (2008): Modernisierung des deutschen Bankenmarktes gehört auf die politische Agenda, in: Börsen-Zeitung, Nr. 135/2008 S. 6.

Niederberger, W. (2010): Griechenland-Krise: Heftige Kritik an den Ratingagenturen, in BaZ (Baseler Zeitung) 04/2010, http://bazonline.ch/wirtschaft/konjunktur/GriechenlandKrise-Heftige-Kritik-an-den-Ratingagenturen/story/22450779 (24.01.2011).

O.V., Dr. Galuschge Begriffslexikon, Stichwort: Ratingagentur, http://www.dr-galuschge.de/sites/lexikon/r.htm, (17.01.2011).

o.V., Handelsblatt Online (15.09.2008): Lehman Brothers muss Konkurs beantragen, http://www.handelsblatt.com/unternehmen/banken-versicherungen/lehman-brothers-muss-konkurs-beantragen;2040059, (04.01.2011).

o.V., Ratinagenturen – US-Behörden ermitteln wegen Irreführung gegen Deutsche Bank, http://www.zeit.de/wirtschaft/2010-05/banken-rating-agenturen (09.04.2011)

O.V., Was sind Asset Backed Securities (ABS)?, http://www.tec7.net/produkte/abs.html (04.03.2011).

Palan, Dietmar (2008): Wir haben uns verschätzt, Manager Magazin, 3/2008, http://www.manager-magazin.de/magazin/artikel/0,2828,537035-4,00.html (20.04.2010).

Pitzke, Marc (01/2005): Worldcom-Skandal - Milliarden-Pleitiers vor Gericht, http://www.manager-magazin.de/finanzen/artikel/0,2828,337266,00.html (25.02.2011).

S&P, Credit Ratings Definitions & FAQs, http://www.standardandpoors.com/ratings/definitions-and-faqs/en/us (18.01.2011).

Sachverständigenrat, Die treibenden Kräfte der Finanzmarktkrise, Auszug aus dem Jahresgutachten 2007/08, http://www.sachverständigenrat-wirtschaft.de/fileadmin/dateiablage/download/ziffer/z130_195j07.pdf (30.04.2011)

Sachverständigenrat, Jahresgutachten 2008/09: Finanzsystem auf der Intensivstation, Reaktionen der Banken, S. 120, http://www.sachverstaendigenrat-wirtschaft.de/fileadmin/dateiablage/download/gutachten/ga08_iii.pdf (11.04.2011)

Senator Joe Lieberman in Rahmen einer Anhörung vor dem „Committee on Governmental Affairs" (20.03.2002), http://hsgac.senate.gov/032002lieberman.htm (03.01.2011).

Standards&Poor's, Leadership Actions Update – 01.09.2009, http://www2.standardandpoors.com/spf/pdf/media/Leadership_Actions_Press_Release.pdf (09.04.2011)

Stellungnahme des Zentralen Kreditausschusses (ZKA) zum Konsultationspapier von CESR "The role of credit rating agencies in structured finance", CESR/08-36, 28.03.2008, http://www.zka-online.de/uploads/media/080328_ZKA-CESR-Rating-Agenturen-dt.pdf (20.04.2011)

The News Hour with Jim Lehrer: Interview with Thomas L. Friedman (PBS television broadcast, Feb. 13, 1996), http://www.pbs.org/newshour/gergen/friedman.html, (03.01.2011)

Vgl. BDI – Bundesverband der Deutschen Industrie, Beaufsichtigung von Ratingagenturen, http://www.bdi.eu/Beaufsichtigung-von-Ratingagenturen.htm (11.04.2011).

Vgl. Deutsche Bundesbank, Basel II, Kreditrisiko-Standardansatz: Externes Rating, http://www.bundesbank.de/bankenaufsicht/bankenaufsicht_basel_kreditrisiko.php (01.05.2011).

Vgl. Sachverständigenrat, Die Finanzmärkte benötigen einen angemessenen Ordnungsrahmen, Auszug aus dem Jahresgutachten 2007/08, S. 159. http://www.sachverständigenrat-wirtschaft.de/fileadmin/dateiablage/download/ziffer/z196_250j07.pdf (08.04.2011)

Von Frentz, Clemens (25.09.2003): Chronik einer Rekord-Pleite, http://www.managermagazin.de/unternehmen/artikel/0,2828,178836,00.html, (04.01.2011).

White, Lawrence (2001): The Credit Rating Industry: An Industrial Organization Analysis, New York University (NYU), S. 4, http://papers.ssrn.com/sol3/papers.cfm?abstract_id=267083#PaperDownload (18.04.2011).

Zentrale Kreditausschuss: Stellungnahme des Zentralen Kreditausschusses zur Tätigkeit von Rating-Agenturen und ihrer möglichen Regulierung – 14. August 2003, http://www.zka-online.de/uploads/media/030815_ZKA-Stn_Rating-Agenturen.pdf (22.01.2011).

# Autorenprofil

Chekdar Bavli wurde 1980 in der zur Türkei gehörenden kurdischen Provinzstadt Sirnak geboren. Er immigrierte 1992 wegen der bürgerkriegsähnlichen Zustände nach Deutschland. Nach seiner Fachhochschulreife auf dem zweiten Bildungsweg an der Georg-Simon-Ohm-Schule, entschied sich der Autor, seine fachlichen Qualifikationen im Bereich der Betriebswirtschaft durch ein Studium weiter auszubauen. Das Diplomstudium der Betriebswirtschaft an der Fachhochschule Köln schloss er im Jahre 2011 erfolgreich ab und arbeitet zurzeit als Sales Manager bei einem namhaften Unternehmen.

Bereits während des Studiums sammelte der Autor durch Praktika und studentische Nebenjobs umfassende praktische Erfahrungen in der Finanzbranche. Neben seinen Tätigkeitsbereichen Management Controlling und Marketing hat der Autor besonderes Interesse an politisch-gesellschaftlichen sowie wirtschaftlichen Zusammenhängen. Die seit dem Jahr 2007 andauernden und stets aktuellen Strapazen an den Wirtschaftsmärkten sowie die daraus resultierenden wirtschaftspolitischen Debatten über die Macht der Ratingagenturen bewegten den Autor in der vorliegenden Untersuchung dazu, diese komplizierten wirtschaftlichen Zusammenhänge zu untersuchen.